我們四個人

▼

我們四個人

Our Stories

作者
龔立人 Kung, Lap Yan

責任編輯
吳玉樹

插圖
龔正芯
龔正荇

裝幀設計
石依恒

■

出版／發行
基道出版社
香港沙田火炭坳背灣街26號富騰工業中心1011室
LOGOS PUBLISHERS
Unit 1011, Fo Tan Ind. Centre, 26 Au Pui Wan St., Shatin, Hong Kong
電話：2687-0331　傳真：(852) 2687-0281
網址：http://www.logoslink.org.hk

澳洲總代理
基道書樓LOGOS BOOK HOUSE
4 Tooronga Terrace, Beverly Hills 2209, N.S.W., Australia
電話：(612) 9554-3631

●

4/00初版
ISBN 962-457-167-8
Cat. No. LP818

代序

我們也有一個孩子，今年十九歲，就讀於一所古城的大學醫學系。他酷愛生命與尋求生活中的真理。幸運地，立人、笑雲與我們是這一個青年生命的培育者之一。為此，我也雀躍著為一個父親（立人）與他年幼的孩子，生活與生命交接的片段執筆作序。

此書中，字裏行間流露出的思想如同一道清泉，一頃濺起的水花，從憩靜的清流到澎湃的一刻，又歸回湍湍而流的漣漪。這裏，孕育著孩子們的一份童稚與成年人的一份誠懇。從一個父親對生命的誠執以至培育出兩個孩子對生命熱愛的追尋；從孩子簡樸的思維與直接的字彙中，衝擊著成年人對生活、生命真諦的再思與檢討。

深信，這些文字描繪生活的點滴與自然，表達出一個人世間偉大的理想——「承先啟後，繼往開來」。此書表達出立人、笑雲與他們的下一代共同追尋著人類成長的意義。在熱淚中，我為他們喝采！

陳美端
英國曼徹斯特大學護理學系講師

自序

將與孩子對話的內容寫成文字並非是本人的構想，而是內子的意思。我寫，不是她寫，是因她擔心我過分投入學術論文寫作，而遺忘孩子的成長。因著她的遠見，我學習與孩子溝通，學習仔細觀察她們的生活，亦學習與她們一起幻想。望回頭，寫作這些故事的過程竟成為我們一家人在生活壓力下一處可休息和得力的地方。

有很多人問，每則故事的內容是否真實無偽呢？真偽不是故事所關心的，否則，它已是歷史了。對我來説，故事是要帶來微笑和刺激深一層反省。基本上，我是沿著這方向去挑選和寫作。成功與否，就由你們的閱讀來決定。然而，我要補充一點，這些故事絕不是育兒心得；相反，你或許可以在其中找到很多負面教材呢！

要有恆心寫作一篇一篇的故事不是一件容易的事，在此，我特別多謝《基督教週報》編輯願為我開闢專欄「童話世界」，每星期鞭策我（準時交稿），讓我不能找藉口不寫作。他們亦慷慨地容許我集文成書。此外，更多謝基道出版社不介意拙文粗淺和不計較市場反應，將拙文編輯成書。

坦白說，正芯（八歲）和正荇（五歲）才是本書的作者。我只是一個不稱職的記錄員罷了！再者，內文的插圖全是她們的作品。這書出版的原意是獻給內子，讓她在患病中，可以成為對她一點支持，並作為我們與她共渡每一天的憑證。然而，生命始終是無常。她還未有機會目睹這書面世，已於一九九九年十月二十一日離世了。毫無疑問，她的離世使我們的世界失去往日的色澤和幽默。雖然她不可以再分享孩子的歡笑與悲傷，但倘若可以的話，我仍會繼續寫下與孩子的故事，讓內子的心願不會逝去。帶著一份沈重和懷念的心靈，謹將此書獻給永遠愛我們和我們永遠都愛她——程笑雲——我的內子和孩子們的媽咪。

最後，也多謝我們的摯友陳美嫦為本書賜序。

龔立人

一九九九年十二月二十八日

目錄

三、秋・最大的禮物

四、冬・願望船

五、一封信

春　孩子長大了

從雞與蛋到意義

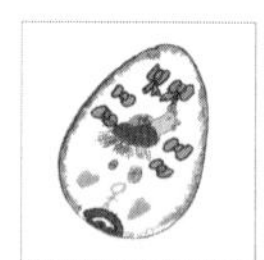

一晚，正芯走過來問我一個問題：「爸爸，你認為有雞先還是有蛋先呢？」當我正在猶疑怎樣回答連自己都想不通的問題時，她很快就說：「當然有雞先啦！」我對她這樣的肯定有點奇怪，便反問她：「為甚麼？」她很自信地說：「若果沒有雞，雞蛋怎樣可以孵出來呢？所以，雞是先於蛋。」我對她的邏輯很佩服，因為她懂得用「孵」的概念來解釋。當然，我可以對她的思考方法提出一些質疑，但對於一個六歲的小孩實在太多要求了。

或許，正芯的答覆背後卻藏著一個很複雜的哲學問題，就是一個意義的問題。若果我們說蛋不一定要靠母雞才可以孵出來，它可以藉著自然力量孵出來，例如陽光。雖然機會率不高，但始終有這可能性。這個解釋背後所要相信的，就是一個偶然的世界。事物的存在是一個偶然，沒有一個背後的目的。相反，若

我們相信蛋是需要母雞才能孵出來的話，我們似乎相信是一個有意義的世界，因為事物的出現是基於一個動機、一種關係而產生。這兩種解釋不是誰優誰劣，或是可能與不可能的問題。而是這兩種不同的看法，對生命有不同的詮釋。前者會認為生命是一種偶然，後者卻認為生命帶著一份目的或使命。這兩種不同的取向對我們做人有不同的意義。

當我正想跟正芯討論這問題時，相信她對我以上所說的一篇話會摸不著頭腦。是我將問題複雜了嗎？不一定，原來孩子的世界是充滿哲理的。這就是他們的童真。童真不是指思想單純，而是指對人生有真實而又簡單的體會。想不到三十多歲人，才開始體會雞與蛋的關係。

講過要算數

在英國期間，趁著有多一點空閒，便帶孩子們去看電影。到達戲院時，我們就詢問售票員：「她只有三歲，是否需要購票？」售票員思索了一會，便說：「若果她不佔用座位，她可以不用購票。」這樣，我們就決定不為她購票。

趁著還有十分鐘才開影，我們就四出搜購零食。有時都不知道是想吃零食，還是想看電影。但無論如何，買零食是一種樂趣，一種享受，一種童真。

當準備入場時，我們卻被拒進。查票員說：「按著規則，一人一票。所以，你要補購多一張票才可以入場。」我說：「售票員告訴我們不需多購一張票。」有趣的是，查票員不跟我討論誰是誰非，便問我：「究竟是誰跟你說呢？」我就試試將售票員的特徵描述出來，跟著，她就去聯絡這售票員。

等了一會，查票員跑回來說：「按著戲院規則，是一人一票。但因為我們的同事跟你作了一個承諾，所以，你的孩子可以不用購票入場。」對正苻來說，她立時放下心頭大石，並高興地說：「快啲入場啦！」

也許，我們會對於院方的辦事能力有點懷疑，就是他們對規則並不熟悉。結果是不同的人，對同一個問題有不同的看法，甚至有矛盾。最後，這只會對消費者帶來不便。然而，我卻欣賞他們「講過要算數」的精神。不錯，售票員是錯誤的，但他的錯誤絕對不應由消費者來承擔，因為消費者在這件事上是被動的。相反，院方要為其僱員的錯誤承擔後果，就是准許正苻不用持票入戲院。

「講過要算數」是一種美德，是一種負責任的態度。不知我們的社會是否有這份最基本的生活態度呢？

誰也不能奪去

今年夏天，有機會帶著孩子往英國探朋友。期間，亦順道參觀當地的博物館。對於孩子們來說，博物館為她們提供了一個很寬敞的地方跑步。然而，當她們走到有關中國文物的區域時，她們卻停下來，並很莫名奇妙地問：「這些不是中國的東西嗎？為甚麼跑到英國來？」

這樣的一個問題就勾起我的中國情懷。我亦藉著這大好機會向她們進行公民教育。當我正滔滔不絕地講解近代中國歷史和中國人忍受外國人的壓逼時，孩子們一句話就插進來：「中國豈不是擁有世界四大發明嗎？這樣一個充滿智慧的國家，為何會被人搶掠呢？她沒有能力反抗嗎？」這一連串問題逼使我面對自己國家腐敗的歷史。真的，是我們的腐敗，以致其他人可以乘虛而入，但西方國家依然要為他們的搶掠行為負責。

但孩子們對我的回答有點衝動，說：「英國搶了我們這麼多文物，甚麼時候我們才可以拿回來？」對孩子的世界來說，他們相信公道，誰人都不能搶別人的東西；搶人東西的人要受罰，並要物歸原主。但可惜的是，這不是成年人世界的邏輯。不但如此，搶了別人的東西後，還可以理直氣壯向人展示掠物，並引以為榮。

到這裏，我都不知道應怎樣回答孩子們的問題。想了一刻，我問：「不錯，別人可以從我們身上搶去很多東西，但有一樣東西是任何人都不能奪去的，你知道是甚麼嗎？」沈思一會，她毫不猶疑地說：「是人。」

對她來說，人不能被奪去，因為人不是一件貨品。但曾幾何時，人將自己的尊嚴送掉呢？

這個世界會過去

一個天朗氣清的下午，與孩子駕著汽車往學校方向去。在閒談中，正芯突然問：「為何太陽會發光呢！」我就用我有限的科學知識回答她説：「因為太陽內部不斷爆炸，以致它會發光和產生熱量。」她對我的答覆沒有多大興趣追問，可能我的答案足已滿足一個六歲小孩吧！

當我正沾沾自喜時，她猶疑地問：「爆炸會否有一天爆完呢？」我被她的問題困擾著，她繼續説：「每一事物都會有用完的一天，例如燈泡。所以，太陽內部的爆炸亦不例外，對嗎？」我被她的推論嚇呆了。她又説：「若果真的有一天太陽不再爆炸，我們的世界會怎樣呢？」無法想像她竟然將我帶進科幻世界裏。

我説，那時應該會很凍；她説，那時應該沒有樹林。我説，那時已沒有分早上和晚上；她説，那時應該沒有雪櫃了。她

一言，我一語，我們已差不多勾勒了世界末日的圖象。跟著，她很認真地問：「我們可以怎樣防止太陽不會有一天用完呢？」

討論了一會，我們都想不出辦法來。對於這樣的現實，她顯得很無奈，很不開心。我就跟她說：「我們不能控制太陽的爆炸速度，這是鐵一般的事實。但我們可以用不同的方法來面對此事吧！」我向她提出三個建議。第一，我們要趁有太陽之年儘情享樂和玩耍；第二，我們為此事繼續終日抱怨；第三，我們當為每一天有太陽而感謝，而珍惜每日的生活。

沒有太大的意外，她選擇第三個建議。當我問她為何有這樣的選擇時，她說不知道，只知道這是最合理的選擇。或許，對她來說，合理本身不是一個邏輯的關注，而是關乎生活應有的態度。就是這樣，我們便開開心心地駕著汽車上學去了。

我的名字叫 Amy

為孩子取名本身已是一件很艱巨的事，本以為這是一次過的事，但誰知六年後，我又要為此事煩惱一番。

事緣，正芯今年剛升小一，上了一星期課後，她就跟我們説：「英文老師要求我們每一個同學都要有自己的英文名字。」我們都來不及跟她解釋，她已繼續説：「若果你們沒有頭緒的話，可以選擇用 Amy 吧！這個名子倒不錯。」

我的女兒是在英國出生，而三歲前就回港。在英國，我們沒有為她取一個英文名字。她依舊用著以英文拼音的中文名字。在那邊，不論本地人或外國人都要學習對她的稱呼。有人會説，為求讓別人對我們稱呼的方便，選用英文名字是無可厚非。對，正因如此，我們的中文名字附以英文字母拼音。若這做法都不算是一種方便的話，那麼，我們的名字最好是眾人都能讀和易於記憶的「pig」、「dog」吧。

選擇不為女兒取英文名字，不是甚麼大中國主義，亦不是有甚麼偉大的理由。而我只是相信中文名字不單能反映父母對孩子的期望，更能幫助孩子從期望中認識自己。強調父母的期望不是對子女一種操縱和支配，而是我不相信子女可以在沒有期望下，能健全成長。請不要將親子關係變成權力平衡的關係。事實上，我暫時還未掌握英文名字如何能發揮中文名字組成的功能。

要一個六歲的孩子理解我的立論是不簡單的，但要她面對從同學而來的無形壓力更不容易。所以，她應有最終的決定權。不知是因我的情詞迫切，還是她的自決，她選擇不取英文名字。但不知那一天，當我接聽電話時，有人說：「Amy在家嗎？」

「喊都唔得」

今天，正芯將要接受預防針注射。不知是從哪裏來的印象，她認為打針是痛苦的，以致昨晚她在驚恐下渡過。真是可憐！早上，她依然懷著她對打針恐懼的心情。我出盡一切威逼利誘的方法，都未能紓減她的憂慮，最後只有送她上「戰場」，並向她祝福。

接她放學時，正芯的一個同學跟我說：「叔叔，今日每一個同學都很接受打預防針，但護士還未跟她打針，她已哭起來。」正芯立時搶著回答：「不可以哭嗎？事實上，真的是很痛嗎！」她的同學又回應說：「你不可以打完針才哭嗎？」正芯又不憤地說：「難道你沒有哭嗎？」你一言，我一句，他們就講過不停。本想插嘴，但總覺得孩子們應有自己的天空，就只好閉著嘴巴罷了！

回家後，想安撫正芯的心情，就跟她說：「打針真的很痛，是嗎？」她回答說：「是的。」以為可以向她表達多一點同理心和肯定哭泣的價值，便說：「哭不是一件不好的事，尤其是一些值得哭和那些只可以藉著哭才能表達你感受的事，哭是最合理和恰當的表達方式。」然而，她卻驕傲地說：「爸爸，我相信當我愈來愈長大時，我的哭泣次數會減少。因為現在，我比 baby 那時哭得還少。」

究竟她的回答要表達哭泣是幼稚的行動，所以長大後就不應有哭泣的表現，還是因為嬰孩不懂得用其他的方法來表達他們的感受，而小朋友卻懂得用言語、身體動作等來表達，所以長大後哭的次數會相對減少呢？

跟她解說我對哭泣的看法還是沒多大作用，只有進一步問她：「你認為爸爸媽媽可以哭嗎？」她瞪大眼睛望著我說：「我還未見過你哭。」

一百分

開學不久，正芯就要經歷她人生第一次有評分的默書。整個星期裏，她也是戰戰兢兢地渡過。結果，那次默書，她有九十八分。但她有點不憤氣，就是為何老師因一個標點符號而扣了她兩分。一方面，我對她的執著有點欣賞，因為這份執著往往就成為孩子學習的推動力。另一方面，我又對她的執著有點擔心，因為很多自殺的例子都是因過分固執導致。究竟應該鼓勵她繼續執著，還是勸她看開點呢？想了一回，便說：「其實分數不是最重要的，最要緊就是你學懂了多少。現在你豈不是明白這標點符號的用法嗎？」她聽了我的解釋並沒有停止淌淚水，但至少她應該不會感到家庭的壓力吧！

數星期後，她又要默書。這一次，她的態度跟以往有點不一樣。往日的緊張，這一次一點都沒有。是否她胸有成竹呢？她跟我說：「老師說，六十分以下就是不合格。那麼，我為何要取一百分呢？六十或一

百分都是合格。所以，有些字不懂寫都無所謂。」我被她驚人的計算程式嚇壞了。數星期前，她豈不是執著那兩分，但今日，她竟然有這麼豁達的胸襟。我又要為她對自己不太執著的態度傷腦筋了。

最後，我說：「不錯，六十分和一百分都是合格，但這不等於六十分和一百分是相同的。我們可以說，六十分是合格中最差的一個，而一百分是合格中最好的一個。況且你有能力取得多過六十分，為何要選擇做最差的一個呢？」想了一會，她似乎很認同我的看法，說：「是的，六十分是合格中最差的。」跟著，她就很興奮地溫習。

或許，問題還未結束，不知甚麼時候，她才發現，分數不是用來自我評價的，而是社會所採用的一種汰弱留強的殘酷工具呢！

生日會後

每次為孩子舉行生日會後都會有點後悔，因為從籌備到最後的打掃都是由我們負責。此外，正芯生日又逢臨近聖誕節（二十三日），所以，生日會後，我們都沒有體力與心力迎接聖誕節。每年我們都是這樣投訴，但又不知為何每年都很主動為她舉行生日會。或許，這就是父母的情意結。

然而，想深一層，為何每年都要為她舉行生日會呢？當孩子年幼時（一至三歲），她的生日會是為成人而設的，因為這是親朋好友聚會的好藉口。當孩子大一點時（四至七歲），生日會也是為成人而設的，因為我們有機會跟其他家長認識，並交換「湊仔」心得和其他資訊。當她再大一點時（八至十歲），生日會也都是為

成人而搞的，因為我們可以非正規地認識她所結交的朋友。但相信到了十二歲後，她對我們是否為她舉行生日會已沒有興趣了，因為那時她已「有毛有翼」。基於這現實的考慮和對將來的預測，縱使抱怨，我們都堅持為她舉行生日會。

以上的一段話可能太過功利了。難道她的生日不值得慶祝嗎？當然不是。每當看見她凝望著自己的生日蛋糕所顯露的笑容時，我們的一切投訴都沒有了；又每當看見她閉上眼睛認真許願的神情時，我們哪裏會有埋怨呢！孩子真有本事，一個笑容、一副神情足以令父母們甘心為她效勞。

想到這裏，不禁聯想不知甚麼時候她會為我們慶祝生日呢？本以為藉此得一些安慰，但細心思想下，我發現惟有當父母年紀老邁時，孩子就會主動為父母慶祝生日。倘若這定律不錯的話，我們或許不要這麼快期望她為我們做甚麼，而讓我們繼續享受還有為她慶祝生日的機會。

雪山怪獸

一晚，不知甚麼原因，正荇總不想洗澡。但她整天都外出，加上天氣寒冷，洗一個熱水浴是最好的。用盡一切的方法都不能勉強她洗澡。一會，我終於想出一隻雪山怪獸。話説，雪山怪獸多在寒冷的天氣出現，牠全身都是白色，但每當牠接觸任何事物，那件東西就會變成冰，不能動和不能説話。今晚的天氣正是適合牠出現。

正荇聽見後就很慌張，並問：「我們有甚麼方法可以對抗牠呢？」我回答説：「雪山怪獸最怕溫暖呢！因為熱力可以將牠溶化。」她立即問：「爸爸，我們怎樣可以增加溫暖呢？」我認真地説：「惟一有效的方法就是洗澡。」聽後，她就急急腳跑去浴室洗澡。事就這樣成了。

晨早，當我為她準備一套紅色的衣服上學時，她拒絕穿這衣服，因為她認為不漂亮。在無計可施下，我又想起雪山怪獸。我跟她説：「你還記得雪山怪獸

嗎？」她瞪大眼睛點點頭。我繼續說：「我們如何可以避免被雪山怪獸傷害呢？就是穿上紅色的衣服，因為紅色代表火和熱力。雪山怪獸一定不敢接近我們。」聽後，她毫不遲延地穿上衣服。穿上衣服後，她很不開心地說：「爸爸，不好了，因為我白色內衣的長袖伸了出來。若果給雪山怪獸看見，牠必定會將我變成冰。」我安慰她說：「不用怕，穿上一件外套，雪山怪獸就看不見了。」就這樣，她很樂意，我亦很滿足，我們便開開心心上學了。

但我總有點良心不安，因為雪山怪獸會否傷害她的弱小心靈呢？有這個可能，但雪山怪獸跟聖誕老人是一樣的。後者要代表的就是歡欣（因他派禮物），前者要代表的就是患病（因著涼）。所以，他們兩者都扮演著宗教所講有關「神話」（myth）的功能。這樣，我放心了。

Jenny，歡迎你

回家後，正芯走過來說：「爸爸，我有些東西給你看。但你要先閉上眼睛。」我沒有異議，難得有這機會可以養神。不到一分鐘（太快了），她開心地叫：「爸爸，你看。」在我眼前出現了一個三呎高的黑人洋娃娃。她驕傲地說：「她叫 Jenny。」

第一句話從我口而出的，不是分享著她的喜悅，而是她從哪裏找來這洋娃娃。真失敗！但奇怪的是，她沒有抗拒，反而津津樂道地說出故事的緣由。她說：「活動後，那中心的職員就拿了幾個洋娃娃給我們。同學們搶著要這個，要那個。最後，只剩下這個黑人洋娃娃。」我插嘴說：「沒有人要這洋娃娃嗎？」她抱怨地說：「是呀！因為她是黑色，沒有一個人喜歡她。她們說：公主不是黑人。」孩子們的觀察真細微。試想白雪公主、《美女與野獸》的美女和小魚仙皆是白種人。

我很奇怪地問：「那麼，你為何帶她回家呢？你喜歡黑人洋娃娃嗎？」她沒有直接回答，只説：「一個人不能不喜歡自己，因為她每日都要望著自己。她更不可能拿著鏡子説不喜歡自己呀！因為這就是她自己。」

對我來説，黑人洋娃娃一事是關乎種族歧視和帝國主義遺留下來的白人自大狂。因此，我會選擇以抗辯和爭取為主，希望可以為黑人討回多一些公道。本想教她從社會公義看事物，但細想她的一番話時，卻覺得暫時沒有這需要。因為她已學懂「自愛」。不懂得愛自己，又怎可以要求別人愛我呢？不懂得欣賞自己，又如何懂得為自己和別人爭取合理的對待呢？

當我仍想著個人成熟與社會公義一大堆社會問題時，正芯已不耐煩地問：「為何只有黑人牙膏，沒有其他人種牙膏呢？又為何黑人的頭髮總是曲曲短短呢？又為何黑人的皮膚是這樣黑呢？又為何……。」

惡夢開始

晚上，正苻跑來說：「姊姊，我今晚很害怕，因為我會發惡夢。」

姊姊問：「甚麼的惡夢？」妹妹認真地說：「夢中會有賊來捉我。」

姊姊說：「不用怕，我為你摺一頂警察帽。那麼，這小賊就不敢來。」妹妹聽見後，就拿著這頂紙帽開開心心地上牀睡覺。但不到一分鐘，她又跑來說：「姊姊，不得了，因為若果我睡著時，那小賊一定會偷偷地拿走我這頂警察帽。跟著，他就來嚇我。」

姊姊很自信回答說：「不要擔心，今晚我讓 Hello Kitty 跟你睡，她會為你監視環境。你可以放心睡覺吧！」正苻似乎不太樂觀，並說：「姊姊， Hello Kitty 只是一個毛公仔，它不會動。那麼如何保護我的帽子呢？我更害怕它會被賊仔捉去呢！」

姊姊很堅定地說：「不是呀！因為夢中世界每一件事物都可以活動。Hello Kitty 也不例外。所以，當賊仔稍接近她時，她會喊叫起來。那麼警察就可以保護你。」正苻對姊姊的解釋似乎很滿意，就抱著姊姊借給她的 Hello Kitty 回自己房間。不到三分鐘，她就進入睡鄉。

隨後，正芯跟我說：「爸爸，我很害怕鬼。」我說：「不用怕，為自己摺一頂警察帽吧！鬼一定不敢接近你。」她回答說：「爸爸，你弄錯了，這是鬼，不是賊。所以，他不怕警察帽。怎麼辦？」

我說：「我們是信天父的，所以不用怕鬼，因為天父會打死他的。」但正芯說：「若果天父睡著了，那我怎麼辦？」

「放心吧！因鬼永遠比天父早睡。」孩子詫異地問：「真的嗎？」我說：「是呀！試看爸爸每晚一定比你遲入睡。」聽後，她大笑起來。

民主選舉

途經旺角時，正有簽名運動，是有關反對政府設立區議會委任議席。因對政府的安排甚感失望，我毫不猶疑地簽名來支持這運動。正芯在旁很好奇地問：「爸爸，為何你要寫上你的名字呢？」不知道如何教導她民主意識，只略略地解釋：「要實踐和尊重選舉，我們必須學習對自己和對人負責任，但政府卻限制我們的選舉。所以，我們就要抗議吧！」她似懂非懂，但我亦無力向她進一步說明了。

今日，孩子放學後很開心地說：「老師說，明天會選新班長。」言下之意，她想做班長。我問：「班長的人選是由老師還是同學決定？」她回答：「當然是老師。」我問：「你認為班長的人選是由老師還是同學決定會比較好呢！」對於我這樣挑戰老師的權威，她顯得不太舒服。我繼續說：「若果你有權選班長，你有甚麼標準呢？」

她說：「我會選一個勤力的同學。」我回答說：「不錯，但若她不喜歡幫助人的話，你會否選她做班長呢？」

正芯很直接說：「不會。」我又說：「若果她是非不分，胡亂記名，你是否會選她呢？」

她肯定地說：「絕對不會。」我進一步問：「又若果她沒有能力執行班長的工作，例如，維持同學的秩序和陪同學去醫療室，你會選她嗎？」

她回答說：「不會，但我是一個勤力、樂於幫助人，又懂事的孩子。」我說：「那麼，你就擁有做班長的條件了。」她很開心，並增加了不少自信。

翌日放學後，她很無奈地說：「爸爸，老師不選我做班長，但做班長的那位同學是經常不守校規的。」面對她的抱怨，我只好說：「在一個只有老師決定誰可以做班長的課室，不要有過分期望。即使被揀中，亦不要過分自恃。」但她卻滿懷希望地說：「下一個月，再會選班長。」

孩子長大了

自從太太病後，我就擔起了整頭家。每日都儘量抽空帶著孩子去探望媽媽。若果時間真的不許可，我們就用電話彼此問候。

事緣有一日，我跟正芯説：「十五分鐘後，我們一起去探媽媽。」她回答說：「今天我有很多功課，故此，我不想去。」我有點不悅：「那麼，打電話給媽媽吧！」她說：「我沒有事想跟媽媽說。」我被她的無情氣壞了。相對於她的妹妹，她真的不像樣。雖然妹妹只有四歲，但每一次探望媽媽，她都表現得很開心。為此，我憤怒地罵了正芯一頓。當然，我們雙方都很不開心。在她眼中，爸爸毫不講理；在我眼中，她愈大愈難教。

相隔了一日後，我開始發覺正芯真的長大了。雖然她只有七歲，但她已有自己的世界、自己的時間表和自己的生活。雖然她還未跟青少年人一樣要求獨立於家庭以外，但她個體獨立性已漸漸形成了。她要求的就是希望多一點自己的空間和時間去安排自己的世界。然而，媽媽患病正某程度阻礙她自主性的發展，因為要探病的緣故，她要某程度放棄自己的空間和時間。或許，有人認為她應學習為媽媽設想，而不應過分自我中心。我不會反對這想法，但話說回來，對一個剛開始發展自我身分的孩子來說，她所承受的張力比我們想像中為大。

我亦開始接納，正芯可以很愛媽媽，但有時可選擇不去探媽媽；她可以很關心媽媽，但有時可以選擇不跟媽媽通電話。事實上，由她出世那一天，我們就應知道她是一個獨立的主體，不是依附我們而存在。然而，對父母來說，當有一天她真的獨立時，我們會顯得極不習慣。或許，這就是父母的情意結。

最後，我對她說：「請原諒我那天的脾氣。」她回答說：「爸爸，我當日的表現也很不禮貌， sorry 。」

不幫助人

不用功

不聽話

不誠實

夏 你還愛我嗎？

太陽伯伯

自孩子上學後，她們就學懂唱「太陽伯伯，太陽伯伯，你去咗邊，你去咗邊，快D快D出來，照著我，照著你。」對她們來說，太陽基本上是有生命的。因此，我們可以與他建立關係。那麼，太陽伯伯就不是一個擬人化的描述，而真正是一種人際關係的表達。

然而，自正芯升上小學後，她已不再唱這首歌。是因這首歌太幼稚嗎？可能是，但最基本的原因，是因為她不再認為太陽是一種生物。她說：「太陽是一個 non-living thing。這是科學書所說的。」自歐洲啟蒙時期後，科學就被相信為幫助人類破除迷信，邁向成熟的最佳途徑；同樣，自中國新文化運動開始，科學亦被肯定為實現國家富強的方法。最後，我們就被訓練以科學眼光看事物。

當然，因著科學的思維，我們得益不少，但科學卻將一個本是有情的世界變為一個無情的世界。太陽

本是人際關係中的一位伯伯，但今天它已成為一個不斷爆炸的發光體；太陽本是跟伯伯一樣有工作和休息的時間，但今天這已被解釋為地球自轉的結果；太陽所發的光線本是伯伯對我們的關心，但今天卻被理解為一個自然的現象。一個本來我們要向他說聲多謝的伯伯，今天卻是一個沒有感情的宇宙星球。究竟科學使我們從迷信世界裏甦醒了，還是使我們物化這世界呢？又究竟科學使我們看見事物的真象，還是扭曲事物的多層性呢？

或許，以上正說明為何一切有關環保的活動都得不到廣泛的認同和支持，因為由始至終，我們都看不見這個世界是有感情的。感情不是從想像而來，而是從觀看（perception）而來，但這觀看的能力卻被強調科學的教育否定了。

正芯帶點惆悵問：「若果考試問太陽是 living thing 還是 non-living thing，我應如何回答呢？」

叮叮，再見

我們途經一處售賣雀鳥的地方。孩子們被雀鳥的歌聲吸引著。似乎她們對我頗為了解，以致沒有直接表達想擁有雀鳥的心願。奇怪地，我卻主動做了一個她們（包括我在內）不可能相信的行動，就是買了一對雀鳥給她們。她們接過後，整天都笑容滿面。或許，沒有期望的期望實現是最令人感動的。

一晚，回家後，我們很自然去看看雀鳥的情況。我們卻發現叮叮死了。正芯看見後，則大聲哭起來。妹妹卻一些反應都沒有。我說：「不要那麼傷心，因為每一隻雀鳥都有死亡的一刻。」她回答說：「我知道，但我沒有估到她那麼快就死呢！」說完後，她哭得更悲哀。我本想對她說，明天，爸爸會買另一隻雀鳥給她，但細心思想後，這不是一個好主意。因為叮叮就是叮叮，沒有被取替的可能。最後，我只好說：「雀鳥跟人一樣都

是由泥土造成，所以，牠亦要歸回塵土。」正芯點點頭。我繼續說：「讓我們埋葬牠吧！」

首先，正芯寫了一封信給叮叮，內容是：「你為何這麼快死呢？我很傷心。」跟著從自己的收藏中找了一塊樹形的木板，寫下：「叮叮，愛你的芯芯、荇荇和 Daddy。」她說：「選擇樹形的木板，是因為叮叮喜歡住在樹上。」

當一切準備好，我們就帶了兩個沙灘挖沙用的鏟子往下面的草地，為叮叮掘一個墓地。墓地掘好後，她們就將預備好的信和圖畫放在叮叮上面。跟著，我將泥土蓋在叮叮身上，並插上那樹形的紀念碑。我們亦為叮叮作了一個禱告。然而，此刻，我看見正芯眼睛的淚水忍不住流出來，而妹妹更傷心地說：「那麼我們就永遠看不見叮叮了。」我們帶著沈痛和不能安慰的心靈，手牽著手離去了。

途中，正芯說：「爸爸，剩下那一隻小雀雀必定很孤單。倒不如放一面鏡子在牠前面吧！」我點點頭。

我的志願

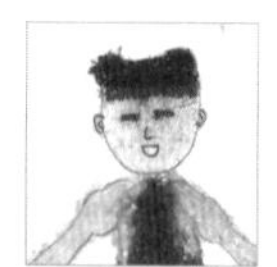

正苻對我說：「Daddy，姊姊說，她長大後想做一位科學家。」我輕鬆地回答說：「是呀！你又如何呢？」她微笑著說：「我想做一件衫。」

在對她的表達能力有些懷疑下，我問：「你是否想做一位裁縫呢？」她帶點氣憤地說：「不是，我想變成一件衫。」哦，原來我忘記了志願不一定是關乎工作角色，而可以是關乎生命的本質。

「你為何想變成一件衫，而不變成一條褲或一對襪呢？」她嚴肅地說：「因為褲子是讓人在地上滾來滾去，所以褲子一定很髒。而襪子一定是臭的。」倒有道理，但為何她要變成一件衫呢？她津津樂道地說：「因為當我變成一件衫，你就可以穿上我。我們就可以時常在一起了。」

我問：「你很喜歡時常跟著Daddy嗎？」她跳皮地說：「是呀！因為我愛Daddy。」我又說：「若果有一日Daddy去游泳，你就不能夠跟我去，因為我不需要上衣。」她自信地回答：「沒問題。當你游泳後，你仍然需要我這件衫呢！」

以上的一段對話足已感動為人父親的我。沒有想過她有這麼豐富的想像力。當我一方面讚賞她和陶醉於父女情時，我突然想到為何她要變成一件衫呢？她是要藉此來表明她愛我，還是對我的生活的一種抗議呢？就是因我時常不在家，以致她要變成一件衫來跟著我。若果是後者的話，一個四歲的孩子會這樣聰明嗎？我不知道，但對我來說，她帶有蜜糖式的說話是有「骨」的，就是對我的生活的一種指控。從欣賞，我就產生內疚。

忍心的爸爸

今次，已是正芯第四次上體操課。然而，跟以往三次一樣，不到十分鐘，她已哭著臉跑來說：「我好驚。」我試盡一切的方法幫助她說出恐懼的理由，但費了二十分鐘，她還是哭著說：「好驚。」

我自問：「是否她不喜歡體操呢？」絕對不是，否則，她為何還堅持下一個月繼續學體操呢！我又問：「是否她選擇繼續學體操是要滿足父母的期望嗎？」機會很低，因為上體操課是她自己的選擇。「是教練和同學不友善嗎？」可能是，但整個上課時間，我都在場，我不感受到他們難相處。究竟她驚甚麼呢？

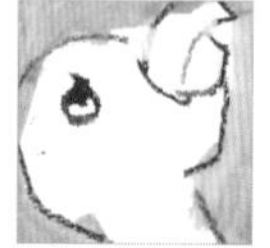

一個可能的解釋，就是她對被要求做的動作沒有太大信心，以致她控制不了自己的情緒。但下一個問題是，為何她那樣認真呢？是否她不知道做不到某一動作不是甚麼大不了嗎？有人會認為這是「唔輸得」心理作祟。但對我來說，她對沒有把握的事情缺乏一份嘗試的勇氣。

對她來説，放棄上體操課可能是一個好的選擇，但這只是一種逃避。所以，我重複不斷對她說：「爸爸在這裏望著你。又若果你對某一個體操動作不舒服時，你可以不做。」重複又重複的説話始終都不能鼓勵她步回場地。那時，有一個念頭，以威逼和恐嚇的方式跟她說：「若果你再是這樣，我們以後就不來。」還好，這句話最後沒有説出。

擾攘了二十分鐘都不能停止她流眼淚，我只好忍心地將她帶回場地，並跟她再說一遍：「爸爸在這裏，若果不舒服，就不要做那一個動作。」她沒有點頭，淚水依舊從眼眶流出。在她眼中，我可能是一個忍心的爸爸，但我知道，這是她成長必須要克服的困難。

兩小時的操練後，她開心地說：「教練説下星期有升級試，我要多些練習。」我笑著回應：「好呀！」但內心卻有點為難，因為下星期我又要應付她的眼淚。

我總不離開你

有一日，駕著車子與孩子們往灣仔去。途中，我們有傾有講。不知甚麼原因，我跟正芯說：「你長大後，必定不會跟我們住。」她回答說：「不會。長大後，我依然要跟你們一起住。」妹妹異口同聲說：「我要同你們一起住。」我問：「為甚麼？」沒有經過思想，正芯就衝口而出：「因為我還要你們照顧。」老人家說得沒有錯，一生兒女債，半世老婆奴。

我說：「是呀！但始終有一日你會結婚。那時，你會選擇不跟我們住呢！」她堅決地說：「不會！」我笑著說：「難道那時還要Daddy照顧你嗎？」她跳皮地說：「不是呀！那時Daddy已經是老公公，需要我的照顧了。」呀！雖然明知孩子的承諾是不可信，但父母總喜歡聽她們的甜言蜜語。因為這能為我們的辛勞帶點安慰。

但從我所經歷到的世界裏，我卻發現年輕夫婦願意與雙親一起住，是基於實際考慮多於關懷與愛心。意思是，當他們負擔不起貴租和需要找人照顧他們的孩子時，他們必定想起父母。想到這裏，總有點心寒。於是立即跟正芯說：「或許，到那時候，你想跟 Daddy 住，Daddy 卻不願意跟你住了。」她笑著臉說：「不會的，因為我是你的女兒呀！」給她氣壞。

真的，雖然孩子不斷成長和獨立，但她們還是父母的孩子；同時，雖然父母身體逐漸衰弱和失去謀生的能力，但他們仍是孩子的父母。

突然，她問：「為甚麼我們會討論這些問題呢？」「不知呀！」她臉上即時露出一副很莫名其妙的神情。

一個人吃飯無味道

自有孩子以來，我已習慣一家人在家吃飯，間中為要找回自己的空間，會向內子請假讓我獨個兒到飯堂吃飯。然而，我還未嘗獨自一人留在家中吃飯呢！若真有此事發生，我會選擇出外吃飯。

一日，帶著正荇回家後，就發現正芯已經不在。原來她做完功課後，已跑到她的同學家裏去。跟她通電話後，她說要留在那處吃晚飯。面對無休止的功課和默書，這不失為一種紓緩壓力的方法。我沒有異議，只說，吃飯後，就回家吧！小妹妹聽後，喊著說要跟姊姊一起。就這樣，她也走了。在毫無心理預備下，我就成為家中被遺棄的「孤獨老人」。家中的傭人問：「是時候開飯了嗎？」我點點頭。

一個人霸佔著一張八人的桌子沒有為我帶來絲毫的空間感，而只有孤獨感。雖然沒有競爭的對手，但

桌上的飯菜（一條煎魚、一碟菜、一鍋馬鈴薯雞翼和一碗湯）卻一點都不能刺激我的食欲。此刻，才發現平時最吵耳的孩子聲是那麼重要；平時為著她們能專心吃飯而費神是那麼值得回味；平時要處理她們的紛爭是那麼令人欣喜。電話裏跟內子說，一個人吃飯真不好味道。她回答：「難得有這清靜。珍惜吧！」但對一個只管工作的人來說，沒有她們同桌吃飯，清靜頓然變得冷清。

八時許，她們終於回來了。吵耳的聲音又再度響起，我又要趕她們去洗澡、催逼她們收拾書包。跟著又要檢查她們的功課，聽她們彈琴⋯⋯。做完一切已經快到十時了。面對著做不完的工作，帶著半疲倦的身體抱怨地說：「一晚又這樣完了。」

乞人憎

陪著兩個孩子成長是一件樂事，但亦是苦事，因為你會漸漸發現她們愈大愈「乞人憎」。

吃晚飯時，正荇總是喋喋不休，甚麼都是她的話題。看來，她說話的目的是不用吃飯。我便對她說：「不要再說話了。吃完飯後再說吧！」她瞪大眼睛望著我說：「這是我的自由。」我笑著問：「你知道甚麼是自由嗎？」她點點頭，認真地說：「自由就是當我選擇去澆花時，你就不能阻止我。」我便說：「Daddy又是否有自由要求你專心吃飯呢？」對於一個四歲的小孩子來說，她當然不懂回應我這看來合理，但本身不合理的問題，但她卻說：「我都叫你吃飯，不准說話。」這樣，我們就一起靜靜地吃飯。

相隔數分鐘，正芯又不知在甚麼地方拿出她的藍精靈圖書，一面吃飯，一面看書。當然，部分飯菜亦從碗中跌在地上。我立刻對她說：「請你吃完飯後才看書吧！」她理直氣壯地說：「我沒有看書，我只是將書的頁數翻來覆去。」對她的砌詞狡辯有點不憤氣，便說：「翻一頁書要用上一分鐘，還不是在看書嗎？」她說：「是呀！就正如爸爸開著電視、望著電視，但心裏不是看著電視一樣。」無意再跟她爭辯下去，妥協下便說：「吃飯時，請不要拿著書本翻來覆去。」她說：「Okay。」我們就專心吃飯。

頓然間，發覺孩子真的長大了。她們不再是小孩子，只懂對父母的話回應「YES」或「NO」；相反，她們會用各種邏輯跟你辯論，令你「扯火」。孩子「乞人憎」的地方不是她們不聽我的話（因為我早有預計），而是她們「橫蠻無理」、「死不認錯」的對答。愈大愈「乞人憎」，真的沒有錯。

失蹤

一早，正芯大聲哭著説：「結婚仔不見了。」（這是她給其中一隻蒼鼠起的名字。）我們一家人都被她的哭聲弄醒，就跑出去看究竟是甚麼一回事。果然其中一隻蒼鼠失蹤了。妹妹看見後就立即加入噪音行列。查看後，原來蒼鼠的屋頂沒有關閉，以致結婚仔有機可逃。

心裏想跟她們説，「不用哭，爸爸買另一隻蒼鼠給你們。」不錯，這説法可減低她們的噪音，但這做法卻是否定了她們與那一隻蒼鼠所建立的關係與感情。最後，我只有放棄這快而簡的解決方法，而建議作「地毯式」搜索結婚仔的下落。然而，一整天的搜索並沒有成果。

是否要放棄搜索？不是，我建議為結婚仔登尋鼠啟示。孩子們亦表示同意。她們就用她們的繪畫能力為結婚仔畫下數張圖畫張貼起來。一張貼在大門、一

張貼在洗手間、一張貼在房門等等。希望家中各生物能提供消息。

隔了一天，當我正嚷著要孩子們起牀時，突然聽到一連串「吱吱」聲。孩子們很敏銳，就立即起來慢慢與我靠近書桌。正芯第一個說：「我看見結婚仔」。隨即，我們就堵塞各主要出口，拉開書桌。拿書桌燈照著書桌後面的位置，希望將結婚仔捉回來。雖然結婚仔有二十公分大，但並不易捉，因為牠的毛很滑，所以很容易逃脫。幾經辛苦，我們終於將牠捉住，放回牠的屋。有趣的是，結婚仔的同伴看見牠回來時，便立即擁抱牠，與牠親嘴。

孩子們看見這親密的舉止時，便大笑起來。她們的眼光和笑容流露出一份滿足和釋放。正芯高興地說：「Daddy，我知道為甚麼結婚仔要藏在我們房間裏，因牠知道我們是牠的主人。牠想來探望我們。」

你還愛我嗎？

有一日，孩子跑來問爸爸：「你愛我嗎？」

爸爸說：「當然啦！」

孩子又問：「你為甚麼愛我？」

爸爸回答：「你說吧！」

孩子嚴肅地說：「是否因為我聽話呢？」

爸爸說：「是。」孩子繼續說：「是否因為我有好成績、是否因為我跑得快、是否因為我誠實……？」

爸爸不厭其煩地說：「是。」

孩子就跳皮地問：「若果我不聽話，你還愛我嗎？」

爸爸對孩子的話摸不著頭腦，只繼續說：「當然，縱使你不聽話，我都愛你。」

孩子聽後就很開心地進一步問：「若果我不誠實、不幫助人、不用功……你還愛我嗎？」

聽後，爸爸依然很溫柔地說：「我仍會繼續愛你。」

孩子很愕然地問：「那麼我為何要聽話、誠實……？因為你始終都愛我。」爸爸說：「我不知道，你說給我聽吧！」

想了一會，孩子撒嬌地說：「因為我都愛你。」

爭嘢食

從幼稚園到小學，孩子最開心的就是可以準備自己的小食盒。每一晚，正芯都會計劃明天吃甚麼。例如：手指餅、棉花糖、薯片等。我們都儘量滿足她的要求，但當然，有時會跟她討價還價。

然而，過了一段時間，她開始投訴。事緣是每逢小息，不知為甚麼，總有些同學像蜜蜂般圍著她，要與她分享零食。又不知為甚麼，她不懂得拒絕。最後，連自己最想吃的那粒糖都被拿去了。換來的不是因分享帶來的喜悅，而是因分享所帶來的不滿。說得政治點，這不是分享，而是羣體向她的欺壓。

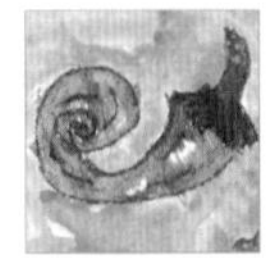

雖然我們教她學習說「NO」，但她總沒有勇氣說出來。是她不好意思嗎？是她害羞嗎？是她敵不過羣眾壓力嗎？這一切都有可能。無論如何，她要為自己找出路。

一日，她跟我說：「爸爸，明天，我帶些最難吃的零食回校。那麼，同學就不會要求我分享食物吧。隔一段時間，我就可以自由地吃自己的零食了。」但人算不如天算，她卻要獨自「享受」她認為最難吃的零食。不但如此，稍後，當她再帶回自己喜歡的零食時，同學們的嗅覺似乎很快就找到香味的來源。於是又圍著她，開心地分享她的食物。

回家後，她再次投訴同學的不是。我說：「你亦同樣可以分享同學的小食呢！」她回答說：「他們的食物不好吃。」這樣，只好勸她說「NO」，但她依然聽不進耳。又一日，她說：「爸爸，我有一個新方法，就是不帶小食盒，將零食放在衣服的袋中。食的時候，就從袋中取出來。那麼，同學就不會知道我帶了甚麼食物了。」究竟她這個方法行得通嗎？我不太樂觀，但總要試試看。不知甚麼時候，她才明白說「NO」的積極性。

扮靚靚

晚上，當我為正芯檢查功課時，突然發現她的手指甲和腳指甲都塗上銀色指甲油。坦白說，我個人對於別人塗手指和腳指甲油不存著好感。（肯定，這是偏見。）但不幸的是，這卻發生在我女兒的指甲上。事實上，她所用的指甲油是從家中的菲傭得來的。或許，學懂了一點兒童心理，我沒有表達我的不滿情緒，而以尊重的態度來看她的行為。

隔了數天，我終於有機會跟她說：「學校是否准許同學塗指甲上學呢？」她說：「在我同班同學中，亦有人塗指甲油。」

我扮得好奇地問：「為甚麼要塗指甲油呢？」她得意地回答：「因為這很漂亮。」我笑著問：「這是否代表你的指甲不漂亮，所以要用指甲油來掩飾你的不漂亮呢？」她說：「不是呀！」

我問：「你是否有留意很多電影明星都很漂亮呢？」她說：「是呀！」我繼續說：「但你又有否留意每當她們落妝時，她們總要帶著一副黑眼鏡？」她好奇地問：「是呀！但為甚麼？」我解釋說：「因為她們知道自己化妝與不化妝是兩個不同的樣子，而她們不敢讓別人看見她們沒有化妝的真面目。最後，她們每日就帶著一個已化好了妝的假面孔來見人。」她很留心我的說話。

我說：「或許，到最後，她連自己都認不出來。」

她理直氣壯說：「是呀！化妝就有點像畫圖畫一樣。要眼睛大一點就畫大一點，要口脣紅一點就塗上脣膏……。」

我問：「你是否喜歡做一個畫出來的人，還是做回自己呢？」她毫不猶疑說：「做回自己。」

我說：「那麼，洗掉指甲上的顏色好嗎？」她樂意地點點頭。

死人復活

駕著車子返教會時，我問：「若果有一天，爸爸或媽媽逝世，你們會怎樣？」

正芯回答說：「當然會不開心。」我安慰她說：「傷心是一定的，但不要太久，因為爸爸和媽媽喜歡的，是你可以開開心心地生活。」但她回應說：「是呀！但我看不見你們開心的笑容。」頃刻間，輕鬆的心情立時變得無奈。

正荇問：「人為甚麼會死呢？」姊姊自信地說：「因為人犯了罪。」我補充說：「不錯，但人是用泥土做的，死亡是逃不了。」

正芯又說：「是天父決定我們甚麼時候死嗎？」我說：「不知道，但我知道死亡不是句號。你們知道死人可以復活嗎？」他們異口同聲說知道，因為聖經故事有提及。她問：「究竟復活是怎樣的？」

我答：「讓我想想。」她說：「那時爸爸一定不需要戴眼鏡。」妹妹插口說：「那時我不用做功課。」

我說：「我不知道，因為沒有一個人曾有復活的經歷。但聖經曾描述耶穌復活後的狀態。例如，祂依舊可以說話和進食，跟我們一樣。但有一點肯定與我們不同的，就是他可以不受空間限制，進出自由。」

正苻聽見後，立即說：「爸爸，我想快一點死。那樣，我就有耶穌復活的身體。」

姊姊聽後，捧腹大笑地說：「好呀！你死快些吧！」

我笑著說：「其實，復活是生活的延續，因為復活的生命仍要生活。那麼，若果你不懂珍惜今日的生活，我相信你復活後不一定會開心。」

妹妹立即說：「爸爸，我不要死。」

馬馬虎虎

一日，嫲嫲帶點投訴的語氣跟我說：「正芯做功課愈來愈馬虎。」我莫名其妙地問：「是嗎？」嫲嫲理直氣壯地說：「你看，每逢功課有填色的部分，她都是隨隨便便地上色，就算填出界，她亦毫不理會。」

我鬆一口氣，便說：「啊！原來是這樣。這不算是馬虎，因為是我教她的。」嫲嫲睜大眼睛望著我。

我繼續說：「每天她都有很多功課。有時，甚至用上兩個多小時還做不完。因此，我建議她不要花太多時間做數學的填色、中文的填色和聖經的填色。馬馬虎虎就可以了，因為她要學習的，是數學、中文等，而不是填色。況且，填色填得好，不會加強她的學習能力，卻用上她很多時間。事實上，那些出版商真是好心做壞事。他們以為藉著填色能加強學生學習的興趣，但殊不知這卻剝削學生的餘閒。」

聽後嫲嫲依然心心不忿，仍堅持地說：「這都是不太好，因為老師會評她的功課為丙或丁。這很難看吧！」

我說：「當然，我很希望她能用多一點時間和精神來填色，但時間總是有限。我們要學習的，就是懂得在有限中做選擇。就是不把所有事都當作一樣重要。否則，我們對自己的要求太過分了。更重要，功課不是孩子的全部。她需要時間玩耍、睡眠、看圖書。」

我笑著說：「不講你不知，姊姊功課上的填色很多都由妹妹代筆。」

嫲嫲搖搖頭說：「馬虎就是馬虎。」

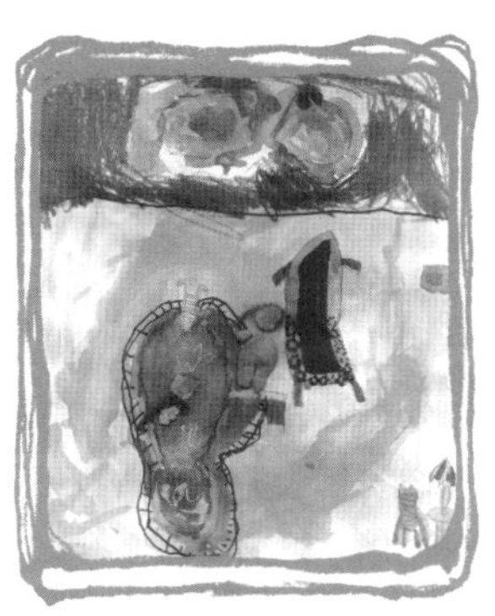

端午節新解

一邊吃糉，一邊對孩子說：「你們知不知道端午節是紀念誰呢？」正芯搶著答：「屈原。」我又問：「為甚麼要紀念他呢？」她充滿自信，慢慢地說出故事的由來。

聽後，我問：「你是否贊同屈原投河自盡這做法呢？」她帶點懷疑地說：「是錯誤的，因為他死後就不能再勸諫其君主了。」但我說：「不一定，因為縱使屈原不自盡，其君主都不會聽他的勸告。所以，自盡還是值得一博，對嗎？」她對我的解釋有點迷惘，便說：「若果博不到，那怎麼辦？」我帶點半開玩笑式地說：「那時，他已經死了，他都不知道結果。」

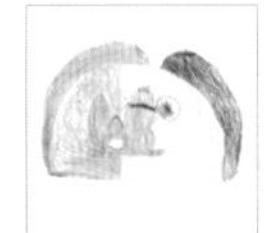

過了一會，我又問：「為甚麼屈原要選擇自殺呢？」孩子們想了很久還想不出可能的答案來。

我說：「是否他不喜歡生存，所以，他選擇自殺呢？」正芯理直氣壯答：「不是。」

我又說：「是否他想藉著死亡來證明他所說的是肺腑之言呢？」雖然有點保留，但她還是點點頭。

我繼續說：「但你有否想過屈原的自盡是對他的君主不公平呢？」她愕然地望著我。我說：「因為屈原的做法會令他的君主終身內疚。」她立即問：「甚麼是內疚？」

我說：「屈原的死是自己選擇的，而不是被他的君主所逼。奇怪的是，社會總認為他是被君主累死的。結果，眾人都怪責君主，反而對屈原愚蠢的做法卻很同情。其實，以死相勸不一定是偉大；相反，這做法可能有點卑劣，因為這做法要令對方終身後悔。」

正芯問：「屈原這麼差，我們還要紀念他嗎？」

我答：「你是否想有糭吃呢？」

風紀：人民的敵人

自孩子升上小學後，她發現學校有一些特權人。雖然他們穿著校服，但他們像老師一樣有權命令同學們肅靜、排隊等。他們甚至有權罰同學企。此外，他們隨身帶著筆和紙，以作「摘名」或「打小報告」之用。他們是誰？他們就是同學們的公敵，「風紀」是也。

事緣有一日，正芯哭著臉對我說：「爸爸，今天風紀罰我。」還未說出事件的因由，她已泣不成聲。看著她兩行流不盡的淚水，不管怎樣說，她也是最值得同情的一位。

她說：「小息時，我看見操場地上有一張廢紙，我就跑過去拾起這張廢紙放入垃圾箱裏。當這一切做完後，風紀走過來對我說：『你是否知道在學校跑步是不可以的嗎？』我還未有機會跟她解釋時，她已說：『你要罰企。』」說到這裏，她哭得更加悽楚。

或許，這是她第一次被罰，所以，心情不好受。習慣了，就應該適應。但她今次的不忿，是因她被冤枉了。好心所換來的，不是讚賞，而是責備。對於風紀是否懂得合理使用權力，我很懷疑。不要忘記，權力使人腐化。

我帶點憤怒問：「若果風紀做錯了，你會向誰投訴呢？」她對於我的問題有點懷疑，因為她沒有考慮風紀的權威是可挑戰的。因為風紀的權威是老師權威的延續。她說：「不知道。」

我說：「第一步，向班主任投訴。若果不受理，便向訓導主任投訴。仍得不到合理對待，向副校長和校長投訴。又若果這一切都不成功，我們可向學校以外的人投訴。例如，家長及教師聯會、教育署。」

聽完我一番話，她說：「這麼麻煩。」

秋　最大的禮物

一粒朱古力

駕駛途中，正芯跟她的好朋友發現在前座位放了一粒朱古力。她們起了貪念，便問：「我們是否可以吃這粒朱古力呢？」我說：「當然，可以。」她們就開開心心地拿著這期望已久的朱古力。

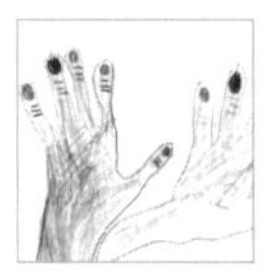

然而，在這刻，她們始醒覺朱古力只有一粒，但她們兩人都想吃。她們就為著如何吃這粒朱古力大傷腦筋。正芯說：「不如我先咬去一半，你就可以吃剩下來的一半。」但她的朋友說：「這樣分法不太好，因為我比較喜歡吃朱古力中的果仁。」正芯又說：「無問題，就先讓我咬去這粒朱古力的外圍吧！」但她的朋友卻說：「不可以，因為太『核突』了。」就這樣，她們帶著一點無奈的心情望著這粒已在她們手上的朱古力。

在她們不知所措下，我向她們建議說：「不如你們其中一個不吃，問題就會解決了。況且你們是好朋友，不會介意對方吃掉這粒朱古力，對嗎？」奇怪地，一點反應都沒有。

一會，我再跟她們說：「我相信若果你們其中一個吃了整粒朱古力，另一個一定會不開心。這樣，你們的友誼就會因這粒朱古力而破壞了。當然，拋棄這粒朱古力是一個可行的方法，但不是最好，因為這朱古力的確很好味。但這粒朱古力一日存在，它都可能危害你們的友誼。」

我繼續說：「所以，我建議你們將這粒朱古力給我吃。因為我可以成為你們共同的敵人。這樣，你們的友誼不但沒有受損，反而加深了。」

她們似乎明白我所說的一切，並雙手交出已溶了一大半的朱古力。我亦背起「人民」敵人的罪名吃下這粒朱古力了。

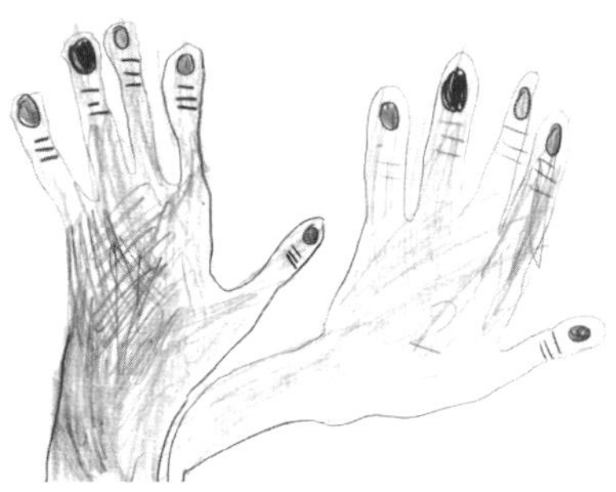

醫生

今天早上，正荇有些發熱。我就急急抱著她去求診。在等候期間，她留意有很多穿上白色裙的人行來行去。她問：「她們是誰？」我說：「她們是護士。」她立即說：「我想做護士。」我帶點「望女成鳳」的心態問：「做醫生豈不是更好嗎？」她回答：「不，我要做護士。」我問：「為甚麼？」她大有道理地說：「因為醫生不可以行來行去。他們整天都要被困在一間房間裏。護士比醫生自由得多了。」

當看醫生時，我就將她一番話向醫生分享。醫生笑著對她說：「你頂聰明，外面的那一位就是護士長，她的工作量很輕鬆，訓練又比我少，但她的工資卻比我高。你真懂得選擇。」當然，正荇對醫生一番帶點諷刺的話沒有任何反應；相反，她對醫生的工具很有興趣，不斷問這是甚麼、那是甚麼。

當一切檢查結束時，醫生就為她寫一張藥單。她拿著說：「我看不見你寫甚麼。」醫生又笑著說：「當然啦！因為你還小呢！長大後，你就可以看得明白了。」正苻急著說：「我不是說我看不明白你寫甚麼，而是你的字體很『核突』。若果給老師看見，她一定會打XX。」醫生只有無奈地望著她。正苻不知道所有醫生的書法都是極其難看的。這還不算糟糕。最糟糕的，莫過於他們對此一些感覺也沒有。這就是專業。

爸爸要離開

這段日子生活很忙，連呼吸的空間都沒有。回到家中已是晚上八時，但還未收拾行李準備今晚乘搭十一時半的飛機往英國呢！

一回到家，就急不及待拿行李箱收拾一切。正芯亦義不容辭主動替我找牙膏、肥皂、洗頭水等等。當我收拾衣服時，妹妹又問：「為甚麼你不給我收拾衣服？因為我要跟你去英國。」跟她解釋後，她還是哇哇大叫。因時間緊迫，只有讓她哭一場。不出所料，幾分鐘後，她又回復平常。

一會兒，正芯就從她的錢幣收集箱中，拿了一張十英鎊和一張五英鎊紙幣給我。再隔一會，她又將一些英國錢幣放在老師送給她的錢包中，並給我帶去英國。她沒有説甚麼，但她的行動已足以感動一位少用右腦的父親。除了給她一個吻，我還有甚麼可説呢？

正芯說：「爸爸，我很掛念你。我不想你去英國。」我說：「爸爸是知道的。你可以隨時打電話給我。」她問：「是否不重要的事都可以打電話給你？」我答：「是呀！你想甚麼時候跟爸爸說話，就給我電話吧。」她點點頭。我心裏想，不知今次要付多少電話費呢！

當一切準備好，我又要跟祖母和其他朋友交代孩子們這幾天活動的安排。當快要離開時，兩個孩子都哭著臉說：「爸爸，我不想你走。」看見她們這樣子，有誰能捨得放下她們呢？但路還是要上，只有跟她們說：「爸爸都好想你們與我一同去，但爸爸要開會呢！若有機會，下次一定帶你們去。呀！我會買禮物給你們。」她們仍搖搖頭，但我只好揮手作別。

心裏總有些不安，到達機場立即致電回家，但祖母接電話說：「她們正在看 Mr. Bean，不想接電話。」

講故事

自孩子成長，她們有一個習慣，就是睡前必要聽故事才肯放我走。然而，經驗告訴我，講故事不會令她們進入夢鄉，反而會令她們精神振作，不斷要求多講一遍。最後，講故事者睡著了，她們的眼睛還睜得大大的四處張望。

事緣，有一日，正芯去了同學家住一晚。早上回來時，我問：「昨夜，你們甚麼時候入睡？」她抱怨說：「很早就入睡了。」對她們有這樣的自律生活帶點懷疑，我便進一步問：「是否你們被人要求早點上牀睡呢？」她說：「不是。因為晚上，姨姨跟我們說，她要說故事給我們聽。我們就跑上牀，但殊不知，這個故事很悶，又加上她的講法很悶。最後，我們就被她悶到睡著了。」呀！這位姨姨真有辦法。帶點不懷好意地問：「你記得這故事的名字嗎？」她說：「甚麼都不記得。」悶人故事的成功就是聽後等於無聽過。

今晚，跟以往一樣，孩子們又要求我為她們講故事才肯入睡。聽見她們的要求後，心裏想，不如講一個令她們悶到入睡的故事，這豈不節省我的時間嗎？此外，這又可幫助她們有多一點睡眠時間。本想把心一橫，但看見她們兩副天真無邪的面孔，又怎忍心叫她們悶著入睡呢？抱著一點愛心，就為她們講一個緊張刺激「兔子遇著大蛇」的故事。但說完後，她們照舊要求多講數個故事才肯罷休。在討價還價後，我終於答應講多兩個故事。照樣，她們的眼睛仍睜得大大的，而我已墮入半昏迷狀態。我隱約聽見正荇不停地問：「Daddy，小鴨鴨怎樣呀？」

逛街

已有一段日子沒有帶著孩子漫無目的地逛街，趁著今天沒有甚麼特別的工作，我們就四處逛。當我們途經一間百貨公司，櫥窗寫著「五樓有書展」，孩子們就嚷著要進去。我們就乘自動電梯一層一層往五樓那處去。正芯跟妹妹說：「這間公司真奇怪，一點女孩子的東西也沒有。」過了一會，妹妹興奮地說：「姊姊，你看，這不是女孩子的東西嗎？」姊姊搖搖頭說：「這些金飾和手飾不是女孩子的東西，而是老人家的。」妹妹聽後，有點莫名其妙，隨便地「噢」了一聲。

看完書後，我們就走上街四處逛。帶點童真的心態，我跟正荇說：「你看，每個哈蜜瓜都有一個數字，真有趣。」她嚴肅地說：「爸爸，這不是普通的數字，是價錢，你明白嗎？」真沒趣。一會，她說：「我想買那些山竺吃。」我們就走近那小販，他一邊說這些山竺如何美味，一邊除去一個山竺的外殼給我們看。當正苻正開開心心準備伸手接過這山竺時，這位小販卻將它放回原位。她眼瞪瞪望著這山竺，並不滿意地問：「為何不將這已除殼的山竺給我吃呢？」姊姊答：「因為他想藉此吸引人來買。」妹妹說：「我們不是這些人嗎？」

提著一袋兩袋戰利品，我們就回去停車場取車。當我正繳交車費時，正苻指著那些坐在收銀處的人説：「爸爸，為甚麼他們要坐監？」我不好意思地説：「他們不是坐監，他們是收銀員。這些鐵欄是防止打劫的。」她仍不太滿意我的解釋，說：「但他們一點自由都沒有。」

天父

一晚，我跟正荇說：「若果有一天，爸爸不幸離世，你會怎樣呢？」她很快說：「我會很傷心。」隨即，她跟著說：「呀！我不會傷心太久，因為爸爸那時已經在天父那裏。」對她這樣的信心，我很安慰。一來，四年多的宗教教育沒有白廢；二來，對她承受家人離世的能力，我的信心增加了。

一會兒，她問：「為何天父從來都沒有向我說話呢？究竟祂的樣貌是怎樣呢？」當我還惆悵著如何避免令她將神學言語偶像化，而又能明白我所說的話時，她已繼續說：「天父一定是住在天上，因為祂有一個『天』字。爸爸，我們如何去探天父呢？」我說：「我們可以找一條梯，一步一步爬上天空去。」她興奮地說：「好呀！我相信天父一定住在天空那兩顆黃色星星後面。」還未考慮如何打圓場時，她再將話題一轉：「爸爸，我知道天父有一樣事跟我不一樣。你猜猜看？」

對她這個富挑戰性的問題，我有點顧慮。因為若果她說，答案就是天父不會說話，我不知如何跟她解釋。當我正不好意思說出來時，她開心地說：「我告訴你知吧！就是天父不會玩玩具。」心情立刻鬆一口氣的我便自信地說：「不是呀！你看爸爸豈不是跟你玩玩具嗎？天父都一樣可以呢！」她不滿意地說：「不是呀！天父是在天上，而我是在地上。」呀！原來我所關心的是「父」，但她卻看重「天」。從來沒有考慮對正苻來說，「天」是象徵著距離多於蘊含著與世人不同的意思。

她這一段說話帶我進入重新思考描述上主的神學代模裏。

天
父

無心之失

那天，當我踏進家門時，祖母就立即投訴正芯發脾氣。事緣，是因她要走進廚房協助祖母煮公仔麵，但祖母認為這是危險的，而拒絕她的要求。不幸地，祖母不小心分別兩次滴下兩滴熱水在她的手和腳上，她就不問事由大聲嚷著說，這是祖母故意的。她對祖母說：「我以後不吃你煮的食物。」面對婆孫的爭執，和事老真不易做。一方面，我不能否定孩子的感受，否則，以後她無論有甚麼事都不會跟你說；另一方面，我又如何為祖母伸冤呢？或許，大家都需要一段冷靜期。就是這樣，我讓她整個下午躲在她的房間絕食，而祖母稍後亦外出。

傍晚，我跟正芯說：「祖母出去了。你喜歡她回來嗎？」她毫不在乎地說：「無所謂。」妹妹插嘴說：「我要祖母回來與我們一起看《還珠格格》。」姊姊帶點氣憤地對妹妹說：「我們可以自己看。」

我問：「你是否認為祖母是有意弄傷你呢？」她毫不猶疑地説：「是呀！因為她平日不會這樣的。所以，她今次一定是有意的。」

我説：「若果一個同學時常都做齊家課，但今次卻沒有做其中一樣，你認為他是有意不做這功課，還是不小心忘記呢？」她似乎明白我説話背後的動機，她沒有正面回答，卻硬著説：「祖母是有意的。」

我又説：「又若果一個同學時常都不做家課，今次也不例外，你認為他是不小心忘記做家課，還是有意不做呢？」説到這裏，她似乎開始軟化下來，沒有起初的堅持。我乘勢繼續説：「不小心者需要説 sorry，但受傷者不應該冤枉人。否則，這對她不公平。」聽後，她沒有説話，亦沒有點頭。

民主萬歲

一早起來，突然發現我房間的窗台放著一幅圖畫。細心察看，畫中的女孩子紮上兩條髮辮。最特別的，就是這孩子戴上刻有「班長」一詞的腰帶。明顯地，正芯還發夢在新學年可以做班長呢！

開學日那天，為要讓她知道爸爸與她一樣重視開課的日子，我特意在這天送她和接她放學。放學時，她微笑著對我說：「爸爸，我做了班長。」我興奮地問：「是老師委任你嗎？」她帶點驕傲地說：「不是，是同學選我出來的。」她繼續滿懷自信地說：「全班有三十二個同學，但有二十六個同學選我做班長，而男班長只有十六票。」

我好奇地問：「你喜歡同學選你做班長還是由老師委任呢？」她笑笑回答：「當然是同學。」我又問：「為甚麼同學們會選你做班長呢？」她帶點奇怪的眼光望著我，說：「不知道。」

按照舊習慣，我給她數個選擇：第一，你是否時常請他們吃零食；第二，你是否往日做班長有出色的表現；第三，你是否有好成績；第四，他們是否都是你的好朋友。她毫不猶疑地說：「因為他們全都是我的好朋友。」頓時，我對於自己一直認為她性格內向和害羞的看法有需要重新檢討。

我微笑著說：「你喜歡Daddy叫你做班長還是芯芯呢？」她有點不好意思說：「芯芯。因為你是我的Daddy。」

翌日放學後，她滿足地說：「我開始感受到自己真正在做班長。」我說：「是否你拿了那個班長襟章呢？拿來看看吧！」她說：「不是，是因為今天我帶同學去醫療室。」從今天起，她就是一位名符其實的班長了。

最大的禮物

因著患病的緣故，太太已有八個月沒有回家了。期間，我和兩個女兒常去醫院或外家探望她。正芯更成為醫院插花義工組的成員呢！有一次，太太對孩子說：「你想媽媽送甚麼禮物給你呢？」正芯毫不猶疑說：「媽媽回家就是最大的禮物。」

對父母來說，這一句說話足以令我們願為她做牛做馬。但同樣的一句說話，她是否知道她會失去一個選購玩具的機會呢？更甚者，我可能會用這句話來拒絕她日後買玩具的要求。

每一次，正芯探望媽媽，她總是說：「媽媽，你還未給我禮物。」對媽媽來說，這句曾令她傾倒的說話竟又成為一種負擔。但這也可以看為一種鼓勵和刺激。

今日，是媽媽回家的日子。早上，我們各人亦準備好一切，歡迎她回來。下午，當醫護員將媽媽推進屋時，兩個孩子立即跑來狂吻她。她從沒有想過孩子們會這樣熱情，在驚喜之餘，她們三母女就擁抱在一起，有笑，亦帶點淚。這張應該時常出現在家中的圖畫終於可以再出現了。

媽媽回來後，每一個人的身分和生活都有些改變。正芯就擔當護士長一職，而妹妹就是小護士。她們似乎對自己的任命很認同。妹妹已被訓練成懂得拿藥和倒水給媽媽服用，而正芯亦懂得榨橙汁。

一晚，正荇洗澡後，我一如以往準備給她穿衣服時，她卻說：「爸爸，你不用幫助我，我懂得自己穿衣服。你去照顧媽媽吧！」孩子們似乎已知道我不能像以往一樣般照顧她們，但她們沒有投訴。因為我們都認同媽媽是需要照顧的。

爸爸生日

回到家，就很隨便在桌子上拿起兩張紙來看。打開後，發現一張寫上「I Love You」，而另一張則繪上一條皮帶。帶點自信地相信，這應是正芯準備送給我的生日禮物。為要保持一點神祕感，我將這兩張紙放回原位，並扮作甚麼都不知道。

一會，她拿著這兩張紙走過來，說：「爸爸，你想知道這張紙裏面是甚麼嗎？」為要讓她有點成功感，我扮著一副充滿好奇和渴望的樣子，說：「當然啦！快點給我看。」女孩子總是這樣，你愈想知道，她就愈「扭擰」。事實上，她又很想你知。或許，這就是女孩子的矜持吧！我亦沒有令她失望，因為我扮得很可憐。最後，她自己終於忍不住給我看。

一打開這兩張紙，我隨即說：「很美麗（當然，這不是假裝的）。」她以微笑接受我的讚賞，並介紹她第一張畫的內容。她特別指出畫裏面有一個立體的生日蛋糕，插著三十多支蠟燭。我笑著説：「爸爸只不過二十五歲。」她不相信地説：「無理由，因為要二十五歲才可以結婚，而結婚後數年才會有BB。所以，你應該有三十多歲。」在「多講無謂」之下，我們就一同唱生日歌，並吹這一個紙蛋糕上的蠟燭。隨後，我亦許下一個願呢！

我指著另一張畫，問：「這是甚麼？是一條大蛇嗎？」她哈哈大笑：「不是，是皮帶。」

我又問：「這是送給我的嗎？」她點點頭説：「當然。但不是這張紙，因為我會送你一條真的皮帶。」

我開玩笑説：「不用買皮帶，因為爸爸的花名是公仔紙。所以，這張紙所畫的圖畫是最適合我不過了。」她笑著説：「是嗎？等我拿些顏色筆畫你這張公仔紙。」

遙控

離開香港已有數天的時間，但每一日也惦念著在家的太太和孩子。

太太接過電話，彼此問好後便說：「正芯不願做家課和溫習。」我在想我應該如何跟她說，讓她不會有一個錯覺，爸爸只關心她的家課。

電話傳來一段悅耳的語調，說：「爸爸，你在哪兒？」我答：「我在澳洲，剛剛買了一條裙和一些郵票給你，你一定會喜歡。」她問：「你買了那件綠色外套沒有？」我說：「還未，你今天上課怎樣？」

她帶點氣憤的語調說：「氣死了，今天又不用默中文。」我問：「為甚麼？」她滔滔不絕將一切因由說出來，但奈何長途電話那時收得不清楚。我只有假裝甚麼都聽得見，並說：「老師真不好，那麼，你做完家課沒有？」她很輕鬆地說：「還未，因快要出去打乒乓球，所以待回來時再做吧！」我說：「好，但你要守諾言。」她爽快地說：「Okay！」

晚上，致電回家，妹妹接過電話，說：「爸爸，我甚麼時候生日？」我說：「十一月。」她問：「你是否知道我為甚麼想生日呢？」這正是她典型的問題。我說：「因為你想有禮物？」她答：「不是。」我又說，因為你想吃蛋糕，吹蠟燭，有小朋友跟你玩？她全都否認。跟著，她細細聲說：「因為我想用那套生日的紙杯、紙碟和紙帽，但我們只可以請八個小朋友來。」我說：「好，無問題。」

跟著，正芯接過電話，我問：「做了家課沒有？」她說：「若果你每次打電話來都是問我做了功課沒有，就無謂打電話給我。」對她的說話有點激氣，但甚麼都瞞不過她。

鞋子飛掉

老師說：「各位同學準備，我們先來一次跑步熱身。」哨子「嗶」一聲，每位同學都盡力向前跑。突然間，有一個孩子停下來。仔細一看，原來她其中一隻鞋子飛掉了。

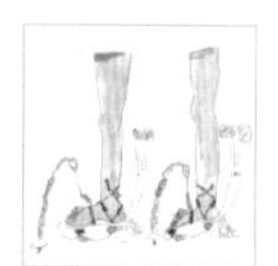

每一個同學望見這情境都大笑起來，而她自己也忍不住掩口大笑。奇怪的是，她一點不好意思的面色都沒有。

熱身後，老師又將她們分成不同的小組作分組賽。老師對那同學大聲說：「穿緊鞋子沒有？」那孩子笑著說：「無問題。」當她們各自準備時，同學們都喊著說：「穿好鞋子呀！」她似乎對同學的提醒很感謝，並做了一個「V」手勢。老師哨子「嗶」一聲，同學們又努力地跑。她今回不但沒有飛掉鞋子，還勝出呢！

她開開心心地回到場邊，再次勒緊一雙鞋子的鞋繩，準備決賽那一刻。

當老師叫她的名字，同學們又再次說：「小心鞋子。」她對於同學們的好意和帶有諷刺的說話並不在乎，只點點頭便走到跑道去。

哨子「嗶」一聲，她又盡力地跑。出人意料地，她竟是第一個到達終點。她對自己的成功顯得很喜悅，而與她屬同一組的同學笑著對她說：「做得好！」她以笑容來回應同學們的祝賀。

她是誰？是我可愛的大女兒正芯。

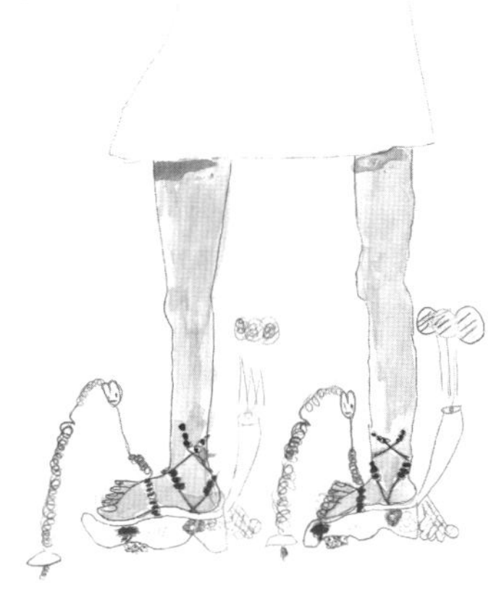

罵你等於愛你

正荇說：「爸爸，我今日開始喜愛你。」對她這樣唐突的說話，我有點奇怪，便問：「你昨天不喜愛我嗎？」她點頭說：「是呀！因為你昨天罵我，而今日卻沒有罵我。所以，我今日喜愛你。」

對她這樣的說話，我有點被冤枉的感覺。因為我昨天真的沒有責備她呢！可能，對孩子來說，她看「一日如千年，千年如一日」，沒有時間觀念。跟她爭論沒有甚麼意思，只有無奈地接受她的控訴。

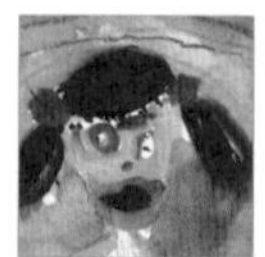

但心底裏始終有點不忿，便說：「你認為爸爸會否責備一個連自己都不認識的小朋友呢？」她搖搖頭。我進一步問：「為甚麼？」她對於我這樣奇怪的問題顯得無奈。我自問自答：「因為他們不是我的孩子。」她認真地問：「是你的孩子就要被你責罵嗎？」

我笑著說：「不是，而是因為你是我的孩子，我有責任照顧你。我不可能讓你壞下去。是因我愛你，才責罵你。否則，我可以看你為其他小孩子一樣，甚麼都不理你了。」對於我這「又愛又罵」的邏輯，她完全不明白。但我總希望她明白愛是可以容許有責備；同樣，責備不排除有愛的成分。但最後，她說：「媽媽喜愛我，因為她從來都不罵我。」

數天後，因著她的行為，我罵了她一頓。照舊，我是執法者，又是復和者。我主動逗她說話。隨後，拖著她去超級市場買冰棒，我問：「你認為爸爸這樣責備你對嗎？」她沒有即時回答。一會，她說：「爸爸責罵我，因為你愛我，不希望我變成壞孩子。」聽見她的回答，有點安慰，但望著她凝視放在冰箱裏的冰棒的樣子時，頓時間，我自問，她是懂事還是「識時務」呢？

冬 願望船

願望船

下午，帶著孩子途經一間書店，她們嚷著要進去。正芯跟我說：「爸爸，我可以買多少東西呢？」我沒有正面回答，只說：「你選擇完後，讓我看看是否值得買吧！」妹妹聽見後，又喊著說：「我又要。」隨後，我們就分別到書店不同的角落去了。

一會，正芯走過來，說：「爸爸，我想買三件東西。」她拿來給我看。它們分別是口琴、顏色摺紙和小玻璃瓶。她對我說：「因為我很想學吹口琴，所以，我要買口琴。而這個玻璃瓶是要載我用這些紙摺的小船仔。每一日，我會摺一隻小船。每隻小船裏，我都寫下我的願望。」聽完她這一番解釋，相信沒有一個父母可以忍心不成全她的願望。

望著姊姊手上有三件禮物，妹妹有點不滿說：「我都要三件。」因她手上只有兩件呢！我還未跟她解釋甚麼才是公平，她已四處搜集多一件禮物。我聽見姊姊對她說：「不要買這件東西，因為沒有意義。」這樣，姊姊就同她一起選擇了。她們希望從物件中找著購買的理由。坦白說，要為裝飾品尋找意義是艱難的。最後，妹妹無奈地接受只買兩件物件的事實，因為她始終都找不著合理的原因呢！

回家後，正芯就回自己的房間，趕著摺她的願望船。一如以往，我問她：「你可以告訴我，你第一隻願望船的願望是甚麼嗎？」她笑著搖搖頭。我也只好向她央求。她終於說：「是媽媽早日康復。」

不錯，這是我最想聽到的說話，但亦是我感到最難過的說話。因為這願望在孩子有生之年都沒有可能實現。我帶點傷感地說：「媽媽一定會很開心。」

她微笑著：「我都摺一隻願望船給媽媽，讓她寫下她的願望。」

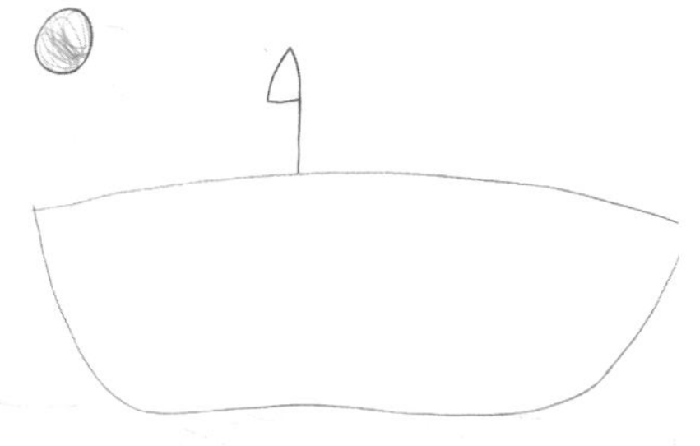

風箏

因身體不適，媽媽被送進醫院去。女兒正芯和正苻每人畫了一幅圖畫給她。正苻的圖畫是一隻小鳥和笑著臉的太陽伯伯。正芯的圖畫，卻有一個流著眼淚和一個閉著眼的公仔。此外，上面寫上，「祝你早日康復」的字句。

我問她：「我相信哭著臉的應該是你吧！但為何媽媽閉著眼睛呢？」她回答說：「這是我和媽媽的祕密。只有她才會知道。」對於一個「八卦」的父親，我始終很想知道她們箇中的祕密。在苦苦哀求下，她終於答應說：「你猜猜吧！」

我說，是媽媽健康的樣子嗎？是媽媽睡覺的樣子嗎……？她都搖頭。最後，我說：「是媽媽在天父那裏嗎？」她點著頭。我有點驚訝問：「你不喜歡媽媽在天父那裏嗎？」她說：「是呀！」她繼續說：「為何天父要接走媽媽？」我慢慢說：「天父沒有接走媽媽，祂只是照顧她。因為爸爸沒有能力照顧媽媽，醫生和護士都再沒有能力。所以，天父就親自照顧她。」她答：「為何天父照顧完媽媽後，不將她帶回來呢？」

對她這樣的一個問題，我的心情頓然變得沈重和難受。我說：「但不要忘記，我們總有復活的一日呢！到那時，我們就可以再與媽媽一起。更重要的是媽媽可以站起來，不用躺在牀上了。」

她說：「但我不想媽媽自己一個人去天父那裏，我喜歡我們一起去。」我帶著淚水說：「是呀！我們終有一日會去。」

她帶點興奮說：「不如我們放風箏，上面寫著：『媽媽，你好嗎？』」我答：「好主意，我會寫上：『我們永遠懷念你』。」

小小準時

下午一時，接到正苻學校的來電，原來還沒有人接她放學呢！因為要上課，我只有立即吩咐家中的傭人到學校去。事後發現因為與祖母的溝通出現錯誤，才導致這場罕有的「意外」。

晚上，我跟正苻說：「今日沒有人接你放學，你有沒有哭呢？」她面部表情即時變得很可憐，細聲地說：「有。」我就向她解釋今次的因由，並跟她勾手指尾，保證不會再有這事。她很快接受我的道歉，並說：「當我等你們來接我時，老師給我很多不同的圖章蓋印，我就不哭了。」隨即，她就從書包裏取出一幅一幅的蓋印圖，並興奮地向我一一介紹。

待她說完後，我再向她保證，說：「爸爸下次一定會準時。」但她說：「小小準時就可以了。」我對她的說話有點莫名其妙的感覺，便問：「甚麼是小小準時呢？」她輕描淡寫地說：「小小準時就是到放學時，你打電話給我，讓我知道你在哪裏。」

我答：「這不是準時呀！這叫做聯絡。況且，你沒有電話，我如何可以致電給你呢？」她有點牛頭不答馬嘴，說：「我想留在學校蓋多些圖章。」

呀！我開始明白甚麼是「小小準時」了。一方面，她想藉著我致電給她肯定我沒有忘記接她放學；另一方面，她想享受沒有人接她放學帶來的「著數」（蓋圖章）。這樣，對她來說，「小小準時」就是一個兩全其美的最佳方法。她真想得周到。

孔融讓梨

還記得念小學時，中文課本有一課〈孔融讓梨〉的故事。內容大意是年紀最少的孔融，雖然得到父親批准作最先的選擇，但他考慮兄長的需要，而自願選一個最小的梨子。由小讓大的這份美德一直印在我腦海中。

事緣，一日晚飯後，兩個孩子都準備吃水果。桌子上的蘋果有大有小，她們亦爭著要吃最大的那一個。嫲嫲跟正芯說：「作姊姊的，要讓妹妹。因為姊姊是要照顧妹妹的。」正芯對於祖母的一番話並不陌生，因為這是她慣常所收到的信息。然而，這並不代表她認同這邏輯。

她不忿地說：「為何要我時常都讓她呢？她為何不讓我一次？」跟著，她逐一數算在哪些事上，她曾經讓妹妹，希望能改變祖母的看法。但祖母卻依然說：「你是姊姊呀！」或許，從這刻開始，正芯更深體會做姊姊所面對的歧視。

突然間，我想起孔融的故事。我就拉著兩個孩子，問她們：「你們聽過孔融讓梨這故事嗎？」正芯問：「誰是孔融？」正荇問：「讓甚麼的梨？」頓時間，我對於香港所推行以生活素材為本的教育有點失望。因為我們的下一代已失去這個偉大的傳統。跟著，我就向她們講解這故事。

後來，我問正荇：「你會選擇哪一個蘋果？」她笑笑口，沒有答我的問題，而快快地伸手拿那一個最大的蘋果。正芯看見這情況，大聲說：「爸爸，你的故事妹妹聽不進耳。她依舊選那最大的蘋果。」

我還未趕及與正荇說話時，她已快快地將那蘋果放在口中，咬了一口，並甜甜地笑著。對於她先下手為強的做法我沒有辦法，只好安慰正芯。

心中自問，可能她們的老師都忘記世上真有孔融其人。

快六歲了

當生日蛋糕上的蠟燭點著時，有人向正荇問：「你今年多少歲？」她沒有正面回答她的問題，笑著說：「我快要六歲了。」問問題的姨姨立即更正她說：「不是，你看看蛋糕上的蠟燭。」正荇細細聲數著，一、二、三、四、五。她然後說：「我快六歲。」不知為何她不肯說五歲，因蛋糕快要被燒著了。各位只有接受她的說話，不改正她的看法。

晚上，孩子們準備上牀睡覺。正荇向我說：「爸爸，明年生日，我就快七歲了。」我帶點更正的口吻說：「是呀！明年你生日時，就是六歲。」她說：「我不喜歡明年生日。」我問：「為甚麼？你不喜歡別人送禮物給你嗎？」她答：「不是。因為七歲時，我就要讀一年級。我很怕讀一年級。」我問：「讀小學應該是很開心的。例如，你可以帶零食回校，又有小息自由時間。此外，你會認識很多新朋友呢！」

對於我所題的一切，似乎對她一點吸引力都沒有，她苦著臉說：「因為我很怕默書。」我帶點驚訝地問：「默書？甚麼是默書？」

想來想去，她都說不出甚麼是默書。她只有說：「我很怕升上一年級。」我打趣問：「升上二年級好不好？若果不好，三年級又如何？」對於我這些傻問題，她點點頭。

正芯插進來，認真地說：「不可以。要讀完一年級才可以升二年級。不可以一開始就讀二年級。」對於這些邏輯，正荇摸不著邊際。正芯就對妹妹說：「我起初讀一年級都很驚。但念完後，就不用驚。默書只不過是不看著書的抄書，沒有甚麼大不了。」

對於姊姊一番分享，正荇答：「真的嗎？但為何爸爸叫你溫習默書時，你總是發脾氣？」

一個夢

正準備吃橙子時，正芯走過來，說：「爸爸，我都想食橙。」我爽快地說：「好，無問題。拿一個橙給我吧！」她很順服地照著做。

當我們一起吃橙子時，我對她說：「昨晚我做了一個很奇怪的夢。」她問：「是怎麼樣的？」我輕鬆地說：「在夢中，我看見媽媽，我還跟她談話。但我們不是在香港，而是在上海。最特別的，就是她差不多已經痊癒了，還懂得走路。」

正芯瞪大眼睛說：「爸爸，我都在夢中看見媽媽呢！」我很有興趣地問：「是怎樣的？」她認真地說：「媽媽跟我一起玩，但不知甚麼原因，她中途就走了。我一直叫著她回來，但她卻沒有理會我呢！」我帶點同情的口吻說：「你一定很傷心吧。」她伸伸舌頭說：「是呀！我還流下五滴眼淚。」

我半開玩笑問：「你怎麼知道是五滴，而不是六滴呢？」她說：「因為我很留心數。」我又說：「是嗎？你的眼淚是真的，還是假的呢？」她不服氣說：「當然是真眼淚，因為那時我已經醒過來，並用手抹眼淚呢！」這段幽默和傷感交織的對話令我的心情一點也不好受。我說：「或許，下一次做夢時，媽媽不會趕著走吧！」她點點頭，並很投入吃桌子上的橙子。

我對她說：「媽媽在生時，我們都很辛苦。因為照顧她並不容易。」她說：「是呀！但辛苦都是值得的，因為我們還有希望呢！就是希望她會痊癒。現在我們連這一點希望都沒有了。」對於一個七歲的孩子能說出這樣的話，我的心情更沈重。

我說：「不如，日後我們多些分享我們的夢，好嗎？」滿口都是橙肉的她，只好點點頭示意贊同。

選擇

若果有一日，分別有安息禮拜和婚禮，而它們都是同一時間舉行的。你會出席哪一個呢？這是我向正芯發出的問題。她似乎明白這是進退兩難的問題，以致她閉上口不答，只微笑著。

我說：「我會選擇出席安息禮拜，而不出席婚禮。」她皺起眉頭望著我，似乎對於我的選擇不完全認同。

我繼續說：「選擇出席安息禮拜是因那處的人最需要我的安慰、關心和祈禱。當然，在那一刻，傷心的人不一定會因我的出席，而不再傷心。但至少，他知道我沒有忘記他吧！至於婚禮就不同了。當然我的出席可能會為結婚的人帶來一點歡欣，但我不出席，他們的歡悦不會因此減退。因為結婚本身已經是最值得回味的事。因此，我選擇與悲哀的人同在勝於選擇與開心的人同在。」她答：「但今次沒有時間衝突。」

我說：「是呀！但在為媽媽舉行安息禮拜那天，他們並沒有來。媽媽患病期間，他們亦沒有來探望她。現在卻要我們出席他們的婚禮和喜宴，我實在有點不願意。況且，縱使我出席，我都不會開心呢！Daddy 覺得自己有一點小氣。你明白甚麼是小氣嗎？」

她說：「我知道。就是對一些事耿耿於懷。」

我問：「你認為 Daddy 是小氣嗎？」她輕鬆地答：「待我看完這本書才答你吧！」

十五分鐘後，我跑回她房間，問：「你有答案沒有？」她慢慢說：「其實，你的做法都不算小氣，因為若果他們很有誠意邀請你來出席他們的婚禮，他們就應該會出席媽媽的安息禮拜吧！」

雖然對自己的做法仍有些保留，但與她一席話又開解我心中的結。

鬼

一晚，正芯問：「人死後是否會變做鬼？」我說：「是嗎？我從來未聽見有這樣的話。」她帶點確定的口吻答：「是嫲嫲說的。她說，人死後的靈魂就是鬼。」我自信地說：「對我們信天父的人來說，只有撒旦才是鬼。人的靈魂不會變成鬼。你知道誰是撒旦嗎？」她很快答：「知道。」

停了一會，她又說：「魔鬼會引誘人的。」我答：「是呀！」她跟著問：「他如何引誘我們？」我開玩笑地說：「例如，當你考試時，你有偷看別人的意念。這可算是魔鬼的引誘。」她嚴肅地說：「Daddy，我都未試過有這意念。」我笑著說：「那麼，有時你說妹妹先打你。其實，是你先打妹妹。說謊也是魔鬼的引誘呀！」她臉上即時露出不好意思的笑容。

她又問：「魔鬼時常引誘我們做壞事。究竟我們是否有能力拒絕他呢？」我答：「你是否有時有一種矛盾感覺呢？」她認真地問：「甚麼是矛盾？」我答：「例如，你知道再多吃卡樂B蝦條就會令你身體敏感，但你又想吃。吃與不吃就是矛盾。」她點點頭。

我繼續說：「雖然矛盾感覺是很難受，但這說明你有選擇能力。魔鬼只可以引誘你，但不能代你選擇。」

她問：「是否每一個人都有這矛盾感覺呢？」我答：「BB沒有、神經佬沒有、善惡不分的人都沒有。」她說：「Daddy，我好想能分辨善惡。」本是出於好意的期望，卻令我有點不安。因為這可能是她犯罪的先兆。（人類犯罪正是吃了那棵叫他們能分辨善惡樹上的果子。）

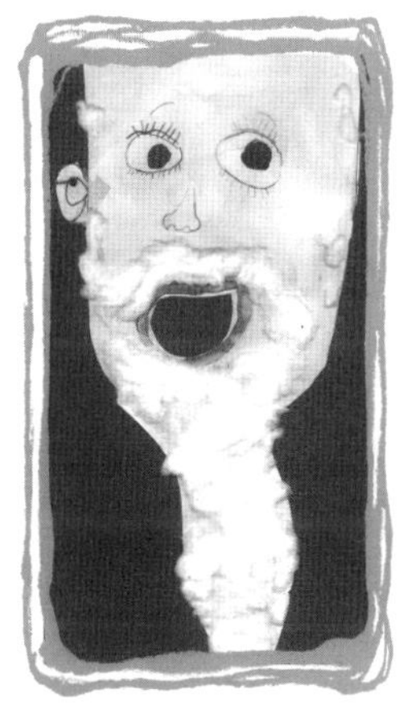

上大帽山

一早起來，我們準備好一切食物和用具，就駕車前往大帽山去。快要到達時，正芯說：「那邊寫著大帽山，為何你叫大『霧』山呢？」我答：「可能因為這更貼切地描述山上的情境吧！」她喃喃自語：「一點霧也看不見。」

抵達後，我們先選擇一條短路走。因為恐防她們走不動時，我不需要一背二。在途中，我們一起玩溪水、採小花、拾石塊。妹妹拿著數朵小黃菊，說：「爸爸，你是否可以幫我將這些小花插在我的頭上？」我答：「當然可以。」我突然想起，當我年少時，我豈不是時常拿女同學的相片，在她們的頭上繪上花、樹木等圖案嗎？當然，目的不是要美化她們，而是醜化她們。殊不知今日竟然有真人示範的機會！一面幫正荇插花在頭上，一面掩著半邊嘴笑。她看見我含著笑，便問：「我是否很漂亮？」我說：「當然啦！」

其後，我們便放風箏去。但人算不如天算，一件看來很容易的事——我竟然放不上去。她們等得不耐煩，就跑開了。我就獨自與風箏繼續戰鬥下去。突然間，我看見她們已跑上那個山坡往氣象台的方向去。我亦追隨她們。她們愈走愈高，似乎一點都沒有考慮如何下山。她們像有用不完的氣力，一步一步向上爬。我不好意思說「爸爸無氣力，請下來」，便說：「與我們一起上山的姨姨，因要抱著她的孩子，不宜走得太遠和太高。所以，我們要為她們著想，要下山。」當然，無人知道這是否那位姨姨的意思。雖然正芯心有點不甘，她終於肯下山了。我亦鬆一口氣。

原……「甚麼」

每晚上牀時，我都會問正荇兩個問題。第一，說一件今天你認為最開心的事。第二，說一件今天你認為最不開心的事。這些分享就會成為當晚禱告的內容。

今晚，沒有甚麼特別，我亦照舊問她這兩個問題。她答：「今日沒有開心的事。因為我的好朋友沒有上學，所以，沒有人跟我玩。」我安慰她說：「當今晚 Daddy 回來時，你立即將你用 Lego 砌好的起重車給我看。這不是一件很開心的事嗎？因為你可以自己砌模型。」她點點頭，並說：「明天，我要砌飛機。」我答：「好。今日是否有一件不開心的事呢？」

她一聽見我這樣問，立時樣子都變了，想哭又哭不出，很可憐地說：「姊姊今日打我。」我問：「姊姊為何要打你？」她很清楚一句一句說：「她叫我與她一起去浸郵票，但我不想去。她就打我。」我問：「你怎樣？」她更可憐地說：「我就哭，而我打姊姊。」我很擔心地問：「姊姊是否再打你呢？」她說：「沒有。」我想，這算不錯吧！適可而止。她很快便轉了面色，微笑著：「姊姊浸完郵票後，出來時，給我一粒糖。我就原⋯⋯她。Daddy，原甚麼呀！」我笑著說：「原諒，是嗎？」她說：「我原諒姊姊。」倒不錯的姊妹情。

剛剛正芯入睡房，我問她：「妹妹投訴你打她。」她很自我防衛地說：「沒有。」妹妹又喊著說：「有。」最後，正芯說：「Daddy，我沒有打她，只有摸她。反而她打我。」我想，姊姊的話值得信，因妹妹懂得撒嬌「博同情」。我對正芯說：「妹妹說，她好開心，因為你請她吃糖。她已原諒你了。」本來仍是針鋒相對的，現在卻變成互相欣賞笑咪咪的樣子。

節目預告

駕著車子的時候，發現行在我們前面的車子跟我們的車子一模一樣，我便跟正芯說：「你看，這輛車跟我們一樣，但有一樣不同，就是車身的顏色已失去舊有的光澤。我們的車子還是很光亮呢！」她答：「Daddy，這輛車就是我們車子的節目預告。不久的將來，我們的車子都會變成這樣。」我驚訝地說：「希望不是吧！」

對於她用節目預告這個概念，有點意外（但肯定這是受電視教育所致），我便繼續說：「你是否可以讓我先看我明天的節目預告呢？」她微笑著答：「讓我先看看吧！」等了一會，她爽快地說：「明天，你會一早起牀，吃早餐，上班。」我答：「似乎我的節目沒有甚麼好看。你的節目預告又如何呢？尤其是，我想看你二十多歲時的那段預告。」她沒有作任何回應。等了一刻，我說：「是否你沒有這段預告片段呢？」她答：「不是，我還正在思考。」或許，她沒有考慮電視劇不一定要有整個劇本才開戲，可以是邊拍邊寫邊修改的。

再等一會，她依然保持沈默，我說：「是否你忘記開機呢？螢光幕在哪裏？是否就是你的大肚皮？」隨即，我就攬她的大肚皮，她擋著，並與我大笑起來。我又問：「是否電視忘記插上電源？」她很快地答：「是呀！電源插就是你的兩個鼻孔。」照模照樣，她用她的手掐住我的鼻子。雖然在車子內有這樣的決鬥，我還是很小心駕駛。

待一切平靜下來，我問：「你的節目預告如何？」她跳皮地說：「不讓你看，否則，你知道結果後，就會轉台。」我答：「但你不怕我不看你的節目嗎？」她自信地說：「我的節目是愈做愈精彩。」

壞人與頑皮人

正芯今年生日的邀請名單中有兩個男孩子。按她所說，其中一個男同學是留班生和全校被點名為最頑皮的學生。為何要邀請他？正芯只輕輕帶過說，他是她的好朋友之一。尤其是他會維護女同學，不讓她們受男同學欺負。對於她的邀請名單，我沒有異議，但總希望可以一睹這男同學的風采。可惜的是，他答應來，但最後沒有出現。

雖然身為教育工作者的我，應該看每一個孩子都是可造之才。一個品性如何頑皮的孩子都是上主所創造。問題不是他是否無藥可救，而是我們是否看他仍是一個充滿潛能的孩子。但身為父親的我，又總希望孩子可以結交一些品學兼優的學生。所謂近朱者赤，近墨者黑。然而，這兩個矛盾的準則令我不知所措。究竟鼓勵他們來往，還是離間他們呢？

臨睡前，我跟她說：「我們不要跟壞人交朋友，但頑皮的人就沒有所謂。你同意嗎？」她點頭示意，我問：「你知道壞與頑皮的分別嗎？」她很猶疑，一點聲都沒有出。我便說：「簡單來說，壞是對人帶來傷害，而頑皮並不傷害人。」我問：「若果一個同學沒有做家課，他是壞還是頑皮呢？」她說：「頑皮。」我又問：「若果一個同學偷別人的文具，他是壞還是頑皮呢？」她答：「是壞，因為他傷害人。」我再問：「若果一個人帶公仔書回校，是壞還是頑皮？」她答：「是頑皮。」我進一步問：「若果他帶一本沒有穿衣服的女孩子畫冊回校，他是壞還是頑皮？」她答：「是壞，因為他不尊重女孩子。」

雖然我用的邏輯可能過分簡化，但我已很滿足她的分辨能力，帶點微笑地說：「我們祈禱睡覺吧！」

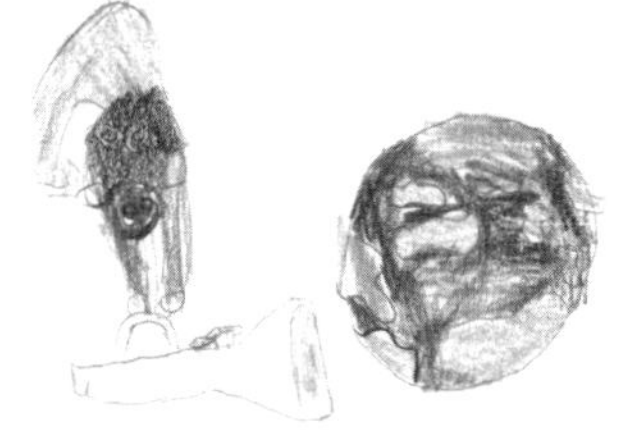

公公

駕車途中，正荇問：「爸爸，你是否有一日會做公公呢？」我很自然地答：「當然會啦！因為爸爸總有一日會老的。」她不耐煩說：「我不是這個意思。我是問你會否做公公。」想了一會，我終於明白她的意思，便說：「那我就要等你結婚後，生了BB才可以做公公。呀！你打算甚麼時候結婚？」她很爽快地答：「二十四歲。」我又問：「何時生BB？」她答：「隨便吧！」

一會，她又問：「當我結婚和生BB後，姊姊會如何？」我笑著說：「那時，她應該好像你一樣，結了婚和有孩子了。」她立即說：「我不要姊姊結婚和生BB，我要姊姊做菲傭。」我詫異地問：「為何你想姊姊做菲傭？」她掩著嘴說：「因為我想姊姊照顧我的BB。」我大笑：「我相信姊姊沒有興趣照顧你的BB。」

她很快地說：「那麼，你負責照顧吧！」我答：「爸爸那時已經是老公公，不懂得照顧BB了。」她說：「你講大話。因為在相片中，我看見你抱著BB和為她洗澡。」我急著說：「不是。這不是真的BB，是玩具公仔。」她搶著說：「你又講大話，因為相片中的BB是姊姊。」我無奈地說：「希望那時我還有好的身體吧。」

過了一會，她又問：「靈靈（她的朋友）的爸爸是否做了公公？」我說：「沒有吧！因為她只有七歲，還未結婚呢？」她很懷疑地說：「但為何他頭上只有很少頭髮？」我問：「做公公是否一定只有很少頭髮？」她點點頭：「是呀！當你做公公時，可能連一根頭髮都沒有。」對於她的預測，我有點心寒。我只好說：「希望你不要二十四歲結婚。因為我不想我的頭髮這麼快就掉下。」

生 BB

正芯問：「為何小姨姨結婚了這麼久，還未有BB呢？」我答：「不知道。」她說：「我三歲那年為他們做花女。今日我已經八歲，但他們還未有BB。」她帶點晦氣地繼續說：「若果不要BB，為何要結婚呢？結婚就要有BB。」對於她這封建的思想，我說：「結婚不一定要生BB。」正荇插口說：「我結婚就一定要生BB。我要做媽咪。」

對於他們的願望，我沒有異議，只說：「事實上，不是每一個結婚的人都可以生BB。」正芯很好奇地問：「為甚麼？」我慢慢說：「第一，是身體的考慮。若果身體較虛弱，這對BB不一定好。因為BB出世後會體弱多病。」她答：「但這不是一個嚴重的問題。因為醫院有特別的箱子照顧他們。」我說：「第二，是成熟的考慮。意思是，生BB的人是否明白甚麼是做媽咪、做Daddy。否則，這個BB就很慘。」她點點頭。我繼續說：「做媽咪和做 Daddy 不單是 BB 對他父母的稱呼，更是要學習做的。」她很留心聽，我問：「你認為 Daddy 合格做 Daddy 嗎？」

對於我這樣的一個問題，她感覺有點奇怪。靜了片刻，她說：「合格。」我問：「為甚麼？」她笑著說：「因為你很愛我們。」她的回答只有數個字，但足以令我回味一生。我再問：「除了很愛你們外，還有其他原因嗎？」她說：「就是不責罵我們。」對她第二個原因，我有點詫異，便說：「Daddy 有不責罵你們嗎？」她笑著說：「不是，而是如果你責罵我們，你就是不合格的 Daddy。」她真聰明。往往趁你最陶醉時，她就向你提出要求，甚至「插」你一刀。

分享與分擔

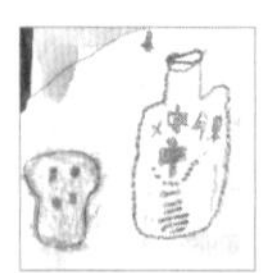

晚上，在正荇睡覺前，我問她：「你今天有甚麼開心的事跟Daddy分享？」她想了一會，便津津樂道地說出她的故事來。跟著，我又問她：「那麼，你是否有不開心的事要Daddy分擔呢？」她望著我說：「甚麼是分擔？」

我答：「例如，你剛剛跟Daddy說出你一些快樂的事，我們就叫分享。因為你將一些快樂傳給我，讓我不但可以跟你一起快樂，連我自己也快樂起來。你是否覺得跟Daddy分享你的開心事後，你自己都會較開心呢？」她似乎對於我所說的不太明白，沒有回應。我只好進一步說：「你認為一個人笑，還是兩個人笑，哪一個比較多笑聲呢？」她笑著說：「兩個。」我說：「分享就是讓開心不斷擴大擴大，希望每一個人都帶著歡笑。」她點點頭示意贊同。

我又繼續說：「分擔其實跟分享差不多，但內容就不是開心的事，而是不開心的事。」她很快回

應說：「分擔是否令不開心不斷擴大擴大。」我帶點愕然地說：「剛剛相反。分擔就是讓一個人的不開心分開去，以

致他的不開心減少了。因為其他人已拿走他部分的不開心。」她望著我，一言不發。我說：「例如，早陣子，你病了。Daddy就分擔你的病，帶你去看醫生、餵你食藥、陪你睡覺等等。試想想，若果Daddy不分擔你的病，你要自己一個人去看醫生，自己食藥。這是一件多麼不開心的事呢！」她很留心聽我的解釋。

我問：「那麼，你今日是否有不開心的事可以讓Daddy跟你分擔呢？」她很認真地答：「讓我想一想。」隔了一會，我問：「想了沒有。可以是沒有。」她說：「讓我多想一會。」再隔數分鐘，我已聽到很微小的「咕咕」聲了。

冒險樂園

近日，我們發現在正芯學琴附近的地方開設了「冒險樂園」。她跟同年齡的孩童一樣，總希望入去玩一玩，並贏取獎票。在多次忘記帶照片和手冊的經驗下，她今次終於帶齊有關資料，並成功申請成為會員。隨即，她就向我索取一百大元換取「金幣」。

看見她隨隨便便投入一個值一元五角的「金幣」來「夾」糖果，而只拿到一粒糖時，我總覺得有點浪費。但她似乎對每次嘗試的結果有點不甘心（因只拿到一粒糖），最後，她就一個又一個金幣投進去。坦白說，拿與這些金幣相值的錢去買糖果肯定比用金幣「夾」上來的多。

跟著，她就去玩那些沒有技術可言的遊戲機。意思是，這些遊戲機只為博取獎票。當然，這些遊戲機有很大的吸引力，尤其是當你看見周圍的人都手持一疊厚厚的獎票時，一時的貪念豈能沒有呢？

但若留心看見他們手持一袋一袋金幣，而又不斷投進金幣時，似乎他們所付出的還是太多了。雖然有一次正芯在一局裏贏取一百張獎票，但其餘時候也只取得數張呢！縱然如此，一次令她贏取一百張獎票的經歷已使她深信幸運終會降臨。

到某一個程度時，我總會對她說，不如我們一起玩那些考我們眼明手快的遊戲機吧！她沒有反對，還慷慨地給我數個金幣去玩。當然，玩這些遊戲機最多只能贏取十張獎票，但我們真的能一起玩呢！

離開後，我對她說：「為要贏取獎票而玩某些遊戲機，我覺得有點浪費與不值。若果 Daddy 不阻止你的話，你會否沒有節制地玩這些遊戲機呢？」她答：「不會，但我會比你所要求的玩多一點點。」坦白說，遊戲不能用錢來衡量；同樣，我亦不能用成人世界的價值來看孩童的價值。究竟甚麼才是值得呢？

校長要安靜

駕車途中，正芯對我說：「今日，我學校有一個同學在小息開薯片時，他用雙手合力一拍薯片包裝。結果，『砰』一聲大響，他就被老師找著問話和懲罰。」我問：「老師如何罰他？」她答：「罰他沒有小息和要罰企。」我有點不憤，再問：「為甚麼老師要罰他？」

正芯理直氣壯地答：「當然要罰啦！第一，他沒有用學校提供的剪刀剪開他的薯片；第二，『砰』一聲大響會騷擾校長工作。」我不服氣地說：「為甚麼開薯片一定要用學校提供的剪刀？這包薯片是我的，我就可以用我喜歡的方法來開它。我可以咬、可以踩。」她繼續說：「不可以，因為學校規定我們要用剪刀。」我再問：「是我吃薯片還是學校吃薯片？況且我用的方法亦沒有傷害別人。那麼，有何不可？」

對於我這蠻橫的砌詞，她並不同意，說：「因為他這樣開薯片會騷擾在一樓辦公的校長。」我笑著答：「你不要忘記這是小息。小息就一定嘈雜，所以，我們不能夠說，這同學騷擾別人。否則，我們每一個同學都騷擾別人了。此外，若果你認為這會騷擾校長工作的話，校長最好就不要回校。因為在學校，他就不可能不被騷擾。況且他回來是要工作，而不是睡覺。」對於我的理據，她依舊不認同，便說：「用兩隻手合力拍開這薯片的方法依然是錯的。否則的話，他就不會被老師罰企。」

我嘆息說：「你是否相信老師會罰錯人嗎？」她點點頭，因為她曾是受害者。我繼續說：「其實，老師的懲罰不一定是對的，但往往因他們有罰人的權力，我們誤以為他一定對。衡量事物的對與錯是理由，而不是權力。你贊同嗎？」她縮縮頸，伸伸舌頭。

一封信

我最愛的正芯和正荇，你們是媽媽的小寶貝：

寫這信時，媽媽還不知道自己的生命有多久，但總肯定，我是多渴望與你們這對小可愛一起成長，一起去感受天父給人建立家庭這種愛的關係，它是奇妙無窮的一種溫馨。

媽媽無論生命長或是短，你們要知道媽媽永遠在你們心裏，是你們其中最愛，最疼的小天使。看著你畫的小天使，我只渴想你們成為一個勇於面對任何困難，尋找解決辦法，不輕易放棄目標的小英雄，小天使。能夠如此，就必須自小不怕多方面嘗試新事物，擁有一副好奇心，不怕失敗的心，努力不懈，凡事認真。

芯芯，荇荇，由你們在媽媽肚裏，我就知道你們是天父所恩賜。記得每當我燒飯時，你們總喜聽Lover's Romance的歌呢！我對你們的出世信心十足，因為我深知道天父的保守臨在。你們是祂所賜的。

當你們出世時，你們是那麼的肚餓。整天都要躲在媽媽懷裏吃奶，真無你們辦法。你們一出生就很完美，五官端正，是美人兒，手指甲和腳指甲也沒有分毫過長或過短。我愛你們，你們知道嗎？

芯芯，荇荇，學的東西就正如學説話一樣。每天都要練習，否則，沒養成好習慣，自己的期望和要求的目標就達不到。

願天父恩典臨在，並眷顧我們這個家。

媽媽

一九九八年十二月二十六日